Klaus Konrad • Silke Traub

Selbstgesteuertes Lernen in Theorie und Praxis

Oldenbourg

Die Deutsche Bibliothek – CIP-Einheitsaufnahme

Konrad, Klaus:
Selbstgesteuertes Lernen in Theorie und Praxis / Klaus Konrad ; Silke
Traub. – 1. Aufl. – München : Oldenbourg, 1999
(EGS-Texte)
ISBN 3-486-02443-4

1. Auflage 1999 R E
Druck 03 02 01 00 99
Die letzte Zahl bezeichnet das Jahr des Drucks.

Umschlagkonzept: Mendell & Oberer, München
Umschlaggestaltung: Gorbach GmbH, Buchendorf
Lektorat: Rainer Paetsch
Herstellung: Christa Neukirchinger
Satz: satz & repro Grieb, München
Druck- und Bindearbeiten: Wagner GmbH, Nördlingen

ISBN 3-486-**02443**-4

Inhalt

Einführung

Dass Lernende ihre eigenen Lehrer sein sollten, ist eine alte pädagogische Forderung und ein aktueller Trend in der pädagogisch-psychologischen Diskussion. Dabei vermischen sich nicht selten ideologische (autonomes Lernen als Wert an sich), gesellschaftliche (die Notwendigkeit lebenslangen Lernens erfordert die Entwicklung entsprechender Fähigkeiten) und pädagogisch-psychologische Argumente (günstige kognitive, motivationale und volitionale (= willentliche) Rückwirkungen dieser Methode auf den Lernenden). Verwechselt wird vor allem das angestrebte Ziel selbstgesteuerten Lernens mit den Mitteln seiner Erreichung. Eine Klärung ist also unabdingbar: Was ist selbstgesteuertes Lernen? Wie unterscheidet es sich von traditionellen Formen des Lernens? Welche Beziehungen bestehen zu anderen Konzepten wie Freiarbeit und offener Unterricht? Kann man unter den Bedingungen der Lehre selbstgesteuert lernen?

Dieses Buch widmet sich allen genannten Aspekten. Es will einen Beitrag dazu leisten, dass die im Bildungsbereich Tätigen (Schüler, Lehrer und Dozenten) selbstgesteuertes Lernen verstehen, und zwar in ihrer historischen Entwicklung, ihrer aktuellen Relevanz und ihrer theoretischen Begründung. Ein zweites – vor allem für die pädagogisch-psychologische Praxis relevantes – Anliegen lässt sich davon nicht trennen. Gemeint ist die Suche nach Möglichkeiten der Unterstützung von selbstgesteuertem Lernen. Dieser zweite Schwerpunkt erscheint um so dringlicher, als der Vergleich zwischen Erziehungsidealen und alltäglicher Unterrichtspraxis zeigt, dass im Bereich der ›Selbststeuerung‹ deutliche Diskrepanzen bestehen: Autonomie-Ziele werden besonders stark angestrebt, aber nicht stärker umgesetzt als andere Ziele (z. B. Vermittlung von Wissen und Fertigkeiten, Einhaltung von Disziplin; PATRY/HOFMANN 1998).

Alles in allem ist das vorliegende Buch ein Buch zum Lernen, und es ist eines übers Lernen. Es versteht sich von selbst, dass dieser Anspruch nur ein eingeschränkter sein kann. Die Praxis unterscheidet sich immer von dem, was schriftlich niedergelegt wird.

Weingarten, im Februar 1999 — Klaus Konrad, Silke Traub

1 Selbststeuerung – Bedeutung und Klärung aus psychologischer und pädagogischer Sicht

1.1 Begriffsklärung

Trotz oder gerade wegen des gestiegenen Interesses und der häufigen Verwendung ist der Begriff des ›selbstgesteuerten Lernens‹ keineswegs einheitlich definiert. Autonomie, Selbstbestimmung, Selbstorganisation oder autodidaktisches Lernen, alle diese Termini werden im alltäglichen Sprachgebrauch zumeist synonym verwendet. Einige dieser Bezeichnungen sind wenig trennscharf, was nicht zuletzt damit zusammenhängen dürfte, dass sich nahezu alle Teildisziplinen der Psychologie und der Pädagogik mit der Selbststeuerung oder einzelnen Aspekten der Selbststeuerung befassen, allerdings unter jeweils anderem Blickwinkel (vgl. FRIEDRICH/MANDL 1997).

1.1.1 Der Begriff ›Selbststeuerung‹

Begriffe wie ›Selbstorganisation‹ und ›Selbststeuerung‹ haben derzeit in der sozialwissenschaftlichen Beschäftigung mit den Problemen von Lernen bzw. Aus- und Weiterbildung ›Hochkonjunktur‹. Dies bedeutet aber noch nicht, dass alle Beteiligten auch wirklich dasselbe darunter verstehen. Im Folgenden soll daher zunächst versucht werden den Begriff der ›Selbststeuerung‹ näher zu beleuchten. Hierzu liegt es nahe die beiden Hauptkomponenten in Augenschein zu nehmen.

Selbst

Jeder Mensch konstruiert ein Selbst, das er der Umwelt präsentiert. Genau genommen sind es unzählige Aspekte und Facetten, die zusammen genommen unsere Persönlichkeit ausmachen. Große Teile dieses Selbst sind unbewusst beziehungsweise wir denken wenig darüber nach.

Selbstkonzepte gelten allgemein als konstituierende Merkmale der Persönlichkeit eines Menschen (vgl. WILL 1995; PEKRUN/SCHIEFELE 1996). Sie bestehen aus kognitiven Repräsentationen der eigenen Person (selbstbezogene Wissensbestände, Überzeugungen, Vorstellungen, Gefühle, Befindlichkeiten und Bewertungen) und liefern Kriterien für die Auswahl und Festlegung von Verhaltenszielen, ebenso wie für die Beurteilung von Situationen und Handlungen; dazu gehört gewiss auch die Einschätzung einer Aktivität als ›selbst‹ gesteuert.

In aktuellen theoretischen Vorstellungen, etwa des symbolischen Interaktionismus, wird das Selbst nicht ausschließlich als stabil und statisch konzipiert. Menschen haben vielmehr ein aktives Selbstkonzept, das sich in der Auseinandersetzung mit sozialen Erfahrungen konstituiert. Daraus resultiert eine Vorstellung vom eigenen Selbst, das sowohl stabil als auch veränderlich sein kann. Selbstkonzepte sind dynamisch, weil Menschen als rationale Wesen stets die Gelegenheit haben Neues über die eigene Person zu lernen. Sie tun dies in bestimmten Kontexten und Situationen, in Einklang mit ihren Absichten und Zielen sowie in engem Zusammenspiel mit ihren generellen und spezifischen kognitiven, motivational-affektiven, soziokulturellen und strategischen Fertigkeiten (vgl. ALEXANDER 1997; MARKUS/WURF 1987).

Die enge Verbindung der Konzepte ›Selbststeuerung‹ und ›Selbstkonzept‹ ist offensichtlich und läßt sich theoretisch überzeugend begründen. Zum einen ist auf eine begriffliche Verwandtschaft zu verweisen: Termini wie ›agency‹ oder ›self-determination‹ bezeichnen Aktivitäten, welche das Individuum ausdrücklich wünscht, auswählt und schließlich auch ausführt. Zum anderen muss betont werden, dass die Bedeutung kognitiver, metakognitiver und insbesondere die Rolle affektiver und emotionaler Variablen für autonomes Lernen nur dann verständlich wird, wenn man berücksichtigt, wie sie durch Selbstsystem-Strukturen (Selbst-Schemata, Überzeugungen, Werte, Ziele) und Selbstsystem-Prozesse (Self-awareness, Selbstbeobachtung, Selbstbewertung, Selbstbekräftigung) beeinflusst werden (vgl. MCCOMBS/WHISLER 1989; MARKUS/WURF 1987).

Man kann also festhalten: Internal ablaufende Prozesse der Informationsverarbeitung, die in der Verantwortung und im Rahmen der Möglichkeiten des Lernenden liegen, verlangen stets eine Beteiligung des Selbst (vgl. PRENZEL 1993; MANDL/REINMANN-ROTHMEIER 1995). Selbstgesteuertes Lernen ist ohne eine komplexe Integrationsleistung des ›Ich‹ nicht denkbar. *Tabelle 1 (S. 11)* zeigt das Begriffsumfeld von ›Ich‹ und ›Selbst‹ und macht die wechselseitigen Verweisungsfunktionen der Begriffe deutlich.

Steuerung

Als Steuerung bezeichnet man üblicherweise die Einstellung, Erhaltung oder Veränderung der Zustände eines Systems durch externe Festlegung der Eingangsgrößen ohne Rückkoppelung (vgl. ARNOLD/EYSENCK/MEILI 1987, S. 2216). Diesem eher technischen Verständnis setzen verschiedene Wörterbücher Synonyme entgegen, die der hier interessierenden Bedeutung schon näher kommen: »stützen, helfen, ausstatten, beitragen«. Der Duden (1989) umschreibt »steuern« mit »sich zielstrebig in eine bestimmte Richtung bewe-

	Ich = Funktion des Bewusstseins als organisierende Zentralinstanz meiner Person
bewusst und kommunizierbar	***Identität*** Als welche Person ich mich darstelle ***Ich-Identität*** Gefühl von Einheitlichkeit und Kontinuität meiner Person
bewusst und nur teilweise kommunizierbar	***Selbstkonzept*** Als welche Person ich mich empfinde; Schema, das ich von mir selbst gemacht habe
nur teilweise bewusst	***Selbst*** Gesamtheit meiner Möglichkeiten des Seins als Mensch

Tab. 1: Das Begriffsumfeld von ›Ich‹ und ›Selbst‹ (modif. nach FRITZ *1998, S. 117)*

gen«, »eine bestimmte Richtung einschlagen« oder »für einen bestimmten Ablauf sorgen«.

›Steuerung‹ oder ›Lernsteuerung‹ ist bisher kein Etikett für einen eigenständigen Forschungsbereich. In den lehrbuchartigen Darstellungen auch innerhalb der Pädagogischen Psychologie (vgl. SCHIEFELE/PEKRUN 1996) findet sich denn auch das Stichwort Lernsteuerung nicht. Um eine nähere Eingrenzung zu erreichen empfiehlt es sich, die beiden zentralen Varianten der Lernsteuerung – ›Selbst-Steuerung‹ und ›Fremd-Steuerung‹ – einmal genauer unter die Lupe zu nehmen.

1.1.2 Selbst- versus Fremdsteuerung

Interne Steuerung (Selbststeuerung) beinhaltet jene Einflüsse auf die Gestaltung des Lernens, die vom lernenden Individuum selbst ausgehen. Externe Steuerung (Fremdsteuerung) umfasst dagegen diejenigen Einflüsse, die von außen auf den Lerner und die Gestaltung seines Lernens einwirken. Solche Einflüsse können direkt von anderen Personen ausgehen (z.B. Anweisungen des Lehrers) oder unter Einsatz von Instruktionsmedien bzw. -techniken erfolgen (z.B. programmierte Unterweisung). Ferner können bestimmte Merkmale des weiteren Lernumfeldes (z.B. des Klassenzimmers) zur Fremdsteuerung gerechnet werden (vgl. SCHIEFELE/PEKRUN 1996).

Erscheint die Unterscheidung von fremd- und selbstgesteuertem Lernen auf den ersten Blick äußerst plausibel, so ist sie bei genauerem Hinsehen doch nur zu analytischen Zwecken sinnvoll. Zu Recht ist von verschiedenen Autoren betont worden (vgl. KONRAD/WOSNITZA 1995; EINSIEDLER/NEBER/WAGner 1978; Schiefele/Pekrun 1996), dass Lernen immer sowohl fremd- als auch selbstgesteuert ist. Aus kognitionspsychologischer Sicht erfordert jedes Lernen ein Minimum an selbstgesteuerter Aktivität (vgl. Mandl/Reinmann-Rothmeier 1995). Eine reine Fremdsteuerung ist nicht denkbar, da externe Einflüsse vom Lerner stets kognitiv verarbeitet werden und seine Lernaktivität deshalb nicht vollständig determinieren können. Lernen ist ein Ensemble zahlreicher unterschiedlicher, aber eben aktiver Prozesse, das von einem Subjekt realisiert wird, das sich Ziele setzt, denen Bedürfnisse und Motive zu Grunde liegen. Darüber hinaus ist zu bedenken, dass die Enkodierung neuen Wissens – sieht man einmal von der Form des inzidentellen Lernens ab – immer auch ein vom Lerner intendierter Vorgang ist. Selbststeuerung ist daher zunächst einmal eine Voraussetzung selbstgesteuerten Lernens (vgl. Weinert 1982).

Andererseits ist auch selbstgesteuertes Lernen nur ausnahmsweise in Reinform realisierbar. Selbst wenn durchaus Lernsituationen vorstellbar sind, die weitgehend frei von externen Einflüssen sind, ist da immer noch die Charakteristik des Lerngegenstandes, die als externer Faktor mitbestimmt welche Lernaktivitäten durchgeführt werden. Ganz gleich, ob es sich um ein Fachbuch, ein Bild oder ein Lernspiel handelt, immer sind nur ganz bestimmte Aktivitäten möglich und andere werden ausgeschlossen. Schließlich ist auch die Lernsituation als Ganze zu bedenken. Selbst- und Fremdsteuerung sind nicht in jeder Lernsituation gleichermaßen angemessen und möglich. Es lassen sich grob drei grundsätzlich verschiedene Lernsituationen unterscheiden:

- Lernen im Unterricht
- Lernen in sozialen Situationen, außerhalb von Unterricht
- Lernen in der Einzelsituation (vgl. Weltner 1978)

Die Möglichkeiten der Selbststeuerung sind sicherlich beim autonomen Lernen am größten und beim Lernen im Unterricht am geringsten. Für die Fremdsteuerung verhält es sich umgekehrt. Die folgende *Abbildung 1* bildet das Kontinuum des selbstgesteuerten Lernens ab:

Abb. 1: Kontinuum selbstgesteuerten Lernens

Es bleibt festzuhalten: Selbstgesteuertes Lernen kann auf einem Kontinuum angesiedelt werden, dessen Pole einerseits ›absolute Autonomie‹ und andererseits ›vollkommene Fremdsteuerung‹ heißen. Der Begriff Selbststeuerung markiert damit eine Lernform, bei der der Lernende mehr oder weniger Initiator und Verantwortlicher seiner Lerntätigkeit ist und in unterschiedlichem Ausmaß Unterstützung und Hilfe erfahren und heranziehen kann. Wesentlich ist: Im Unterschied zur Außensteuerung des fremdbestimmten Lernens zeichnet sich selbstgesteuertes Lernen stets durch einen hohen Selbstbestimmungs- und Selbststeuerungsanteil aus (vgl. FRIEDRICH/MANDL 1990). Nach dieser ersten Eingrenzung des Begriffs können wir nun die wesentlichen Bestimmungsstücke der Selbststeuerung benennen.

1.1.3 Zentrale Merkmale selbstgesteuerten Lernens

In Anlehnung an die Arbeiten von ZIMMERMAN (1989; SCHUNK/ZIMMERMAN 1994) und CORNO (1989) lassen sich zentrale Merkmale des selbstgesteuerten Lernens identifizieren. Selbststeuerung des Lernens bedeutet, dass

- die Lernenden in kognitiver bzw. metakognitiver, motivationaler und verhaltensbezogener Hinsicht den Lernprozess *selbst aktiv* beeinflussen;
- eine *selbstbezogene Feedbackschleife* während des Lernprozesses wirksam ist. Die Lernenden überwachen im Lernprozess ständig ihre Lernaktivitäten und reagieren auf verschiedene Weise auf dieses Feedback;
- Lernende sich *selbst motivieren*. Dieses motivationale Element betrifft die Frage, warum und mit welcher Intensität eine Person eine bestimmte selbststeuernde Maßnahme ergreift;
- die Lernenden ihr Verhalten *volitional steuern*. Dazu gehört insbesondere die Fähigkeit des Individuums, über Mechanismen der Motivations- und/oder Emotionskontrolle seine Lernabsichten vor konkurrierenden Einflüssen zu schützen (vgl. KUHL 1987; SCHIEFELE/PEKRUN 1996).

Zusammenfassend schlagen wir folgende Definition selbstgesteuerten Lernens vor:

> Selbstgesteuertes Lernen ist eine Form des Lernens, bei der die Person in Abhängigkeit von der Art ihrer Lernmotivation selbstbestimmt eine oder mehrere Selbststeuerungsmaßnahmen (kognitiver, volitionaler oder verhaltensmäßiger Art) ergreift und den Fortgang des Lernprozesses selbst (metakognitiv) überwacht, reguliert und bewertet.

Aus einer solchen Definition folgt, dass Theorien der Selbststeuerung des Lernens, aber auch praktische Maßnahmen zur Förderung entsprechender Lernformen sowohl die kognitive Seite des Lernprozesses als auch die motivationale und metakognitive (volitionale) Seite thematisieren müssen. Nur so kann erklärt werden, warum Schüler ihr ›Selbststeuerungswissen‹ nicht immer anwenden, wenn sie lernen. Und nur so kann pädagogisch-psychologisch angemessen darauf reagiert werden.

1.2 Pädagogische Bedeutsamkeit selbstgesteuerten Lernens

Nach Ansicht verschiedener Autoren (vgl. ZIMMERMAN 1989; SCHIEFELE/PEKRUN 1996) sind Lernende unterschiedlichen Alters in der Vergangenheit zu einseitig als passive Individuen behandelt worden. In dem Bestreben die Effektivität schulischen Lernens zu erhöhen, hat die Instruktionsforschung vor allem der Lehrperson eine zentrale Rolle zugewiesen. Dies gilt in besonderem Maße für den Bereich der Schule. Als wesentliche Aufgabe des Lehrers wurde dabei gesehen den Unterricht den Merkmalen der einzelnen Schüler (z. B. Intelligenz, sozio-kultureller Hintergrund, Leistungsniveau) anzupassen. *Übersicht 1* zeigt die Verteilung der Lernaktivitäten im herkömmlichen Unterricht.

Der Lehrer	• plant • entscheidet • trägt vor • informiert • korrigiert • experimentiert • strukturiert	• problematisiert • übernimmt Verantwortung • zeigt Initiative • organisiert • weist an • fragt	• erklärt • demonstriert • bewertet • visualisiert • löst Probleme • dominiert
Die Schüler sollen	• zuhören • rezipieren • abstrahieren	• angepasst lernen • aufpassen • einspeichern	• reproduzieren • Durchhaltevermögen zeigen
Aber:	Sie können und wollen immer weniger		

Übers. 1: Typische Aktivitäten von Lehrer und Schüler

Lernen gleicht in dieser Sicht einem Produktionsprozess. Das Lerngeschehen wird in Analogie zu den Vorgängen im Produktionsbereich eines Unternehmens aufgefasst (vgl. GEISSLER 1995). Beobachtet man die Alltagspraxis, so ist doch auffällig, dass Bildungsprozesse oftmals am Muster dieser Produktion, z. B. eines Kleidungsstücks, orientiert werden: »In zwei Tagen«, so die falsche Vorstellung, »kann ich den Lernenden doppelt soviel beibringen wie an einem Tag«. Schließlich kann man an zwei Tagen auch doppelt so viele Hosen produzieren wie an einem Tag. Von neueren kognitionspsychologischen und sozial-konstruktivistischen Überlegungen geprägte Ansätze zum selbstgesteuerten Lernen schlagen einen anderen Weg vor: Jugendliche und Erwachsene sollen die Möglichkeit haben, ihre Lernfähigkeit durch die selbstbestimmte Anwendung von Lernstrategien zu erhöhen, ihre Lernumgebung positiv zu gestalten und Form und Ausmaß der Lehre, die sie benötigen, selbst zu beeinflussen. Auf entsprechende Vorschläge und Methoden trifft man in Bildungsplänen, reformpädagogischen Ansätzen, pädagogisch-psychologischen Entwürfen und in Konzepten des offenen Unterrichts.

1.2.1 Bildungspläne

Formen des selbstgesteuerten Lernens implizieren die Überlegung, dass sich Lernen nicht an logisch aufeinander folgenden Schritten orientiert. Es verläuft nichtlinear und hat dementsprechend eine gegenüber einem Produktionsprozess unterschiedliche Logik. Immer wieder werden Lernziele nur auf krummen Wegen und manchmal auch auf krummen Touren erreicht. Sobald man direkt darauf zugeht, läuft man mitunter auch Gefahr, es zu verfehlen. Nicht schlichte Ursache-Wirkungs-Verhältnisse sind es, die die Grundlage produktiver Gestaltungs- und Steuerungsaktivitäten ausmachen, sondern nichtlineare Denk- und Handlungsweisen (vgl. GEISSLER 1995).

Diesen Erkenntnissen und Einsichten wurde z. B. auch in den 1994 neu erschienenen Bildungsplänen Baden-Württembergs Rechnung getragen. Es wurde versucht, selbstgesteuerte Lernprozesse durch das Einführen neuer Unterrichtsmethoden möglich zu machen und die zentrale Rolle des Lehrers zurückzudrängen, ohne dabei auf den herkömmlichen Unterricht zu verzichten. Beide Lernformen sollen im Unterricht berücksichtigt werden. Ein Zitat aus dem Bildungsplan für die Realschulen mag dies verdeutlichen:

> »Den Aufgaben und Zielen der Realschule entspricht methodische Vielfalt im Unterricht. Darbietende und fragend-entwickelnde Verfahren gehören ebenso dazu wie handlungsorientierte Lernsituationen. Schülerinnen und Schüler erlernen eine Vielzahl von Arbeitsweisen, die ein hohes Maß an Leistungsbereitschaft, Selbständigkeit, Kooperationsfähigkeit und Verantwortungsbewusstsein fördern.« (MINISTERIUM FÜR KULTUS UND SPORT 1994, S. 11)

Nimmt man diese Forderungen ernst, so muss man sich Unterricht als vielseitiges und abwechslungsreiches Lernfeld vorstellen, in dem Lehrende, Lernende und ›Bildungsgüter‹ in unterschiedlicher Weise miteinander interagieren und zueinander in Beziehung stehen. Ein festgelegtes Schema von Unterricht kann es nach dieser Definition nicht geben.

Betrachtet man den Erziehungs- und Bildungsauftrag der Schule genauer, so tauchen immer wieder Forderungen nach der Vermittlung so genannter Schlüsselqualifikationen auf. Unter Schlüsselqualifikationen werden Forderungen wie Teamfähigkeit, Verantwortungsbewusstsein, Kooperations- und Kommunikationsfähigkeit sowie Selbstständigkeit und Handlungsfähigkeit verstanden. In jüngster Zeit werden diese Forderungen vorwiegend in Industrie und Wirtschaft gestellt. In der Erziehungswissenschaft gelten die sich hinter den Schlüsselqualifikationen verbergenden Zielsetzungen schon lange als wichtige Bestandteile einer Pädagogik, die die Entwicklung der Persönlichkeit als wichtiges Bildungsgut ansieht. Auf Unterricht bezogen lassen sich solche Forderungen auch als didaktische Prinzipien verstehen, als Zielsetzungen für die gesamte Schulzeit der Lernenden und ihren weiteren Bildungsweg hin zu einer eigenen, selbstverantwortlichen und mitbestimmungsfähigen Persönlichkeit. Um diese didaktischen Prinzipien verwirklichen zu können, bedarf es eines vielseitigen und von seiner Anlage her variantenreichen Unterrichts. Eindimensionalität blockiert das Erreichen der didaktischen Prinzipien, Mehrdimensionalität ist gefordert. Mehrdimensionalität kann im Unterricht dadurch erreicht werden, dass sowohl angeleitete als auch selbstorganisierte Lernformen Berücksichtigung finden.

Im momentan praktizierten Unterricht spielt das angeleitete Lernen die weitaus größere Rolle (über 80% des Unterrichtsgeschehens; HAGE 1985). Es zeigt sich vor allem im darbietenden, entwickelnden oder fragenden Unterricht. Angeleitetes Lernen ist wichtig und notwendig, um die oben genannten Ziele zu erreichen, aber es ist nur *ein* Bestandteil von Unterricht. Selbst organisiertes Lernen macht die andere Säule des Unterrichts aus, die jedoch in der Unterrichtspraxis noch stark vernachlässigt wird. Aktuelle pädagogische und didaktische Strömungen versuchen diesen Zustand zu korrigieren und messen selbstgesteuerten Lernprozessen eine ebenso große Bedeutung bei wie dem überwiegend praktizierten angeleiteten Lernen. Beide Lernformen müssen als Bestandteile des Unterrichts aufgefasst werden, die nur in gegenseitiger Ergänzung die Zielvorstellungen von Unterricht erreichen können und zu deren Verwirklichung geeignete Methoden gefunden und entwickelt werden müssen.

1.2.2 Reformpädagogische Bemühungen

›Selbstgesteuertes Lernen‹ stellt keine neue Entwicklung der pädagogischen Theorie und Praxis dar. Entsprechende Ansätze haben sich genauso historisch herausgebildet wie Formen des angeleiteten Lernens. In jüngster Zeit erinnert man sich immer mehr an die historische Entwicklung selbstgesteuerten Lernens, die sich vor allem in der Zeit der Reformpädagogik vollzogen hat. Es wird in diesem Zusammenhang häufig von einer »Renaissance der reformpädagogischen Bewegung« seit Ende der 70er-Jahre gesprochen. Den meisten Reformkonzepten liegt die Leitidee einer »Pädagogik vom Kinde aus« zu Grunde. Neben MONTESSORI, PETERSEN und FREINET, die in diesem

Zusammenhang immer wieder herangezogen werden, gibt es weitere wichtige Reformpädagogen, die die selbsttätige Arbeit und das selbst organisierte Lernen in den Mittelpunkt ihrer Bemühungen stellten (vgl. KOCH 1996).

Hugo GAUDIG (1860–1923; GAUDIG 1930; SCHEIBNER 1962) vertrat bereits eine Persönlichkeitspädagogik; die zu entwickelnde Persönlichkeit stand im Zentrum seiner Arbeit. Das wichtigste didaktische Prinzip stellte für ihn die Selbsttätigkeit im Sinne der freien geistigen Arbeit dar, durch die der Lernende zu Selbstständigkeit gelangen soll. GAUDIG bezeichnet die Selbsttätigkeit als das Kernstück einer Schule der Zukunft (vgl. MÜLLER, 1963). Dem Prinzip der Selbsttätigkeit weist er große Bedeutung während der gesamten Schulzeit zu. Das Prinzip hat Gültigkeit vom ersten Schultag, über alle Fächer, für alle Phasen des Arbeitsvorgangs, für alle Arbeitsformen und für alle Sozialformen. Dabei muss der Lernende über Arbeitstechniken verfügen bzw. diese trainieren, die ihm die freie geistige Tätigkeit überhaupt erst ermöglichen.

GAUDIG geht von folgenden Annahmen aus:

- Der Mensch ist ein selbsttätiges, *aktives Wesen*, wodurch sich Bildung als Selbstbildung vollziehen kann.
- Er verkörpert eine *einmalige Persönlichkeit* (Individualität), durch die er Würde erhält.
- Er ist *handelndes Subjekt* mit dem Ziel sein Leben selbst zu entfalten. Deshalb muss er auch selbst die Verantwortung für sein Tun übernehmen.

Auf Schule und Unterricht bezogen soll der Lernende in freier Tätigkeit Bildungsinhalte selbstständig erarbeiten, vorbereiten und sich aneignen. Dadurch kann der Lernende seine Persönlichkeit entfalten, wobei die geistige Selbsttätigkeit ein wichtiges Wesensmerkmal darstellt. Da das Kind sich aber nicht durch eigene Kraft Kulturgüter aneignen kann, braucht es die »freie geistige Schularbeit«, die ihm die Auseinandersetzung erst ermöglicht. GAUDIG sieht die Aufgabe der Schule darin, als Lebensstätte des Kindes Kulturgüter in freier geistiger Schularbeit zu vermitteln und gleichzeitig den Willen zur Kulturaneignung und zum Kulturschaffen zu wecken und zu verstärken. Letztlich besteht das Ziel der Arbeitsschule darin, den Lernenden zu selbstständiger, freitätiger Gestaltung des Arbeitsvorganges zu erziehen, die über die Schulzeit hinaus Wirkung zeigt.

Auch der »Dalton-Plan« von Helen PARKHURST (1886–1973; POPP 1995) stellt ein System selbstständigen Lernens dar, das aus der Praxis heraus entwickelt wurde.

- Ein wichtiges Prinzip schulischer Arbeit sieht die Autorin in der *Freiheit* gegenüber der Bearbeitungszeit, dem Lernort, den Sozialformen, der Auswahl der Arbeitsschwerpunkte und des Anforderungsniveaus. Dabei gibt es aber ein so genanntes Fundamentum, das für alle Lernenden verbindlich ist.

- Ein zweites Prinzip sieht PARKHURST in der *Zusammenarbeit*, die viele soziale Elemente beinhaltet.
- Schließlich gewinnt die *kontrollierte Arbeitsplanung* Bedeutung. Dieses Prinzip verwirklicht PARKHURST dadurch, dass jeder Lernende einen auf ihn zugeschnittenen Arbeitsplan erhält.

Die genannten didaktischen Prinzipien sind dem Ziel untergeordnet, die Lernenden zum selbstständigen Handeln und zum demokratischen Verhalten zu führen. Die Lernenden müssen dazu gebracht werden, selbst die Verantwortung für ihr Lernen zu übernehmen. Fasst man die Charakteristika des »Dalton-Plans« zusammen, so kann man sechs Merkmale herausarbeiten:

- *Freiheit:* Ein Lernender ist innerhalb eines bestimmten Rahmens frei in seinen Entscheidungen.
- *Zielgerichtetheit:* Ziele werden von der Lehrperson vorgegeben.
- *Beachtung der Individualität:* Individuelles Lernen steht im Vordergrund; der Einzelne wird in seiner Individualität anerkannt.
- *Selbstverantwortung:* Der Lernende hat für sein Lernen selbst Verantwortung, auch wenn eine externe Kontrolle vorhanden ist.
- *Selbstprüfung:* Jeder lernt nach seinem eigenen Tempo.
- *Sachgebundenheit:* Lernende müssen sich selbst motivieren durch sachbezogene Auseinandersetzung mit bestimmten Lerninhalten.

In der Praxis stellen sich diese Prinzipien wie folgt dar: Für einige Stunden des Schultages wird der direkte Unterricht durch das Selbststudium der Lernenden ersetzt. Es gibt schriftliche Studieranleitungen, fachspezifisch ausgestattete Räume sowie Fachlehrer, die die Arbeit der Lernenden unterstützen. In dieser Zeit werden die Schülerinnen und Schüler eigenständig tätig, sie kommunizieren und kooperieren frei mit ihren Mitschülern und können die Beratung von Lehrenden in Anspruch nehmen. Ziel des Unterrichts ist es Selbstständigkeit, Selbstverantwortung und kooperative Verhaltensweisen anzubahnen. Wie die Beispiele von GAUDIG und PARKHURST andeuten, waren Ansätze des selbstgesteuerten Lernens bereits in der Reformpädagogik vorhanden; sie sind bis heute wirksam und können weiterhin als wichtige Lernformen des Unterrichts betrachtet werden.

1.2.3 Bezüge zu neueren pädagogisch-psychologischen Entwürfen

Was sind die Ursachen für die Wiederentdeckung reformpädagogischer Ideen? KRIEGER (1994) gibt dafür eine erste Begründung, indem er die

Erkenntnisse der Reformpädagogik als Erkenntnisse darstellt, die auch heutigen psychologischen und pädagogischen Überlegungen entsprechen.

> »Die ›Freiarbeit‹ ist ein integriert reformpädagogisches Konzept einer individualistischen Unterrichtsorganisation. Sie wurzelt im liberalistischen Gedankengut der traditionellen Reformpädagogik einer ›Pädagogik vom Kinde aus‹, die das im Denken und Handeln eigeninitiative Kind möchte und es zum Subjekt des Unterrichtsgeschehens macht. Darüber hinaus liegt ihr die Generalhypothese zugrunde, dass der Mensch nur durch Selbsttätigkeit zur Selbstständigkeit gelangt und Erziehung nur als Aufforderung zur freien Selbsttätigkeit verstanden werden kann. Dieses ›reformpädagogische Selbsttätigkeitsprinzip‹ ist inzwischen durch die Erkenntnisse der Lernpsychologie mehrfach bestätigt worden.» (KRIEGER 1994, S. 4)

POTTHOFF (1990) sieht durch die Rückbesinnung auf die Reformpädagogik eine Möglichkeit aus der unbefriedigenden Situation der Schulpraxis herauszukommen, die durch Verwissenschaftlichung und Resignation zustande gekommen ist.

Aktuelle Forderungen nach vernetzendem Denken, nach Lehren und Lernen mit allen Sinnen usw. finden sich wieder in der reformpädagogischen Bemühung um die Ganzheitlichkeit des Menschen. Auf ähnliche Vorstellungen trifft man in der neueren pädagogisch-psychologischen Literatur. Gleichwohl erfährt der zu beobachtende Rückgriff auf die reformpädagogischen Ansätze der Zeit zwischen 1900 und 1932 eine wesentliche Einschränkung: Aus der Reformpädagogik wird nur das rezipiert, was im Einklang zu neueren wissenschaftlichen Kenntnissen sowie zur aktuellen Lebens- und Lernsituation der Schülerinnen und Schüler steht.

Man kann noch einen Schritt weiter gehen: Der Verweis auf die reformpädagogischen Wurzeln darf nicht den Eindruck hinterlassen, dass ein übereinstimmendes ›Grundmuster‹ für selbstorganisiertes Lernen vorgelegen hätte, das für heutige Lernformen als didaktische Schablone benutzt werden könnte. Dazu war der Gebrauch von Formen selbstgesteuerten Lernens in der Reformpädagogik viel zu vielschichtig. Alle reformpädagogischen Ansätze sind in einem ganz bestimmten historischen gesellschaftspolitischen Kontext entstanden und haben dort ihren Platz und ihre Bedeutung gehabt. In unserer Zeit haben schulische Probleme andere Ursprünge. Deshalb sind Bedenken angezeigt, wenn reformpädagogische Konzepte ungeprüft übertragen oder für heutige Situationen ›modernisiert‹ werden.

Offenbar kann selbstgesteuertes Lernen nicht allein von seinen theoretischen Wurzeln her begründet werden; ebenso wichtig ist die Angemessenheit entsprechender Entwürfe für die heutige pädagogische Praxis. Generell erweist sich eine Rückbesinnung nur dann als sinnvoll wenn dahinter das Ziel steht

»[...] ›Altes wie Neues‹ im Lichte unserer gegenwärtigen Erfahrungen zu prüfen und eine epochaltypische Weiterentwicklung, Ausgestaltung und Einordnung in ein demokratisch verfasstes Schulsystem« (CLAUSSEN 1995, S. 15) zu ermöglichen. Selbstgesteuertes Lernen muss stets auf dem Boden aktueller Anforderungen entwickelt werden, um den Bedürfnissen unserer Zeit gerecht werden zu können. Einige Beispiele mögen diesen Gedanken erläutern:

- Viele Schüler sind von Hause aus über Gebühr verwöhnt und überbehütet; die Folge ist eine geradezu chronische Hilflosigkeit und Bequemlichkeit. Solchen Tendenzen ist durch die Betonung des selbstgesteuerten Lernens entgegenzuwirken.
- Die stoffbezogene Rezeptionsbereitschaft und -fähigkeit vieler Schüler hat unter dem Einfluss des alltäglichen Medienkonsums erheblich abgenommen. Von daher sind die tradierten direktiven/darbietenden Methoden mehr und mehr in Frage gestellt; der Lehrer als ›Entertainer‹ hat einen schweren Stand!
- 90% unserer Mittelstufen-Schüler sind praktisch-anschauliche Lerner; sie brauchen zum erfolgreichen Lernen die praktische Lerntätigkeit. Mit anderen Worten: »Was der Schüler sich nicht selbst erwirkt oder erarbeitet hat, das ist er nicht und das hat er nicht!« (DIESTERWEG)
- Bildung ist mehr als kurzzeitiges Auswendiglernen und gedankenlose Paukerei; Bildung zielt auf Persönlichkeitsentwicklung im weitesten Sinne des Wortes; auf Selbstständigkeit, Kreativität, soziale Sensibilität und Kompetenz. Deshalb erscheint es ratsam Schülern mehr zuzutrauen und zuzumuten; wir müssen sie im eigenverantwortlichen Arbeiten verstärkt fordern und fördern! Denn sie können mehr als sie im alltäglichen Schulbetrieb zeigen.

1.2.4 Offener Unterricht

Für das gegenwärtige Schulsystem muss genau überlegt werden, welche Methoden übernommen bzw. so verändert werden können, damit man sie in Regelschulen einsetzen kann. Auf der Suche nach Unterrichtsmethoden die selbstgesteuertes Lernen ermöglichen, stößt man immer wieder auf den Begriff des ›Offenen Unterrichts‹, der häufig als Oberkategorie selbstgesteuerter Lernformen fungiert. Wulf WALLRABENSTEIN erklärt den Begriff des ›Offenen Unterrichts‹ näher: Offener Unterricht ist ein »Sammelbegriff für unterschiedliche Reformansätze in vielfältigen Formen inhaltlicher, methodischer und organisatorischer Öffnung mit dem Ziel eines veränderten Umgangs mit dem Kind auf der Grundlage eines veränderten Lernbegriffs.« (WALLRABENSTEIN 1994, S.54) Unter den »vielfältigen Formen« der Öffnung versteht WALLRABENSTEIN (1994):

- die *inhaltliche Dimension*: Öffnung für Inhalte und Erfahrungen aus der unmittelbaren Lebenswelt der Kinder,
- die *methodische Dimension*: Öffnung für neue Lernformen und für die Mitgestaltung des Unterrichts durch die Kinder und
- die *organisatorische Dimension*: Öffnung für veränderte Unterrichtsabläufe und Organisationsformen des Unterrichts wie Freie Arbeit, Projekte und Wochenpläne.

Offener Unterricht stellt sich als Dach- oder Oberbegriff dar, dem die verschiedenen Ansätze der Förderung von Selbststeuerung und Methoden des selbstgesteuerten Lernens subsumiert werden können. Wir neigen dazu, den Begriff ›offen‹ durch ›selbstgesteuert‹ zu ersetzen und betrachten den ›selbstgesteuerten Unterricht‹ bzw. ›selbstgesteuerte Lernverfahren‹ als übergeordnete Kategorien. Dabei soll noch einmal betont werden, dass Lernen immer sowohl fremd- als auch selbstgesteuert ist *(vgl. Abschnitt 1.1.2)*. Auch angeleitete Lernformen enthalten Momente der Selbststeuerung. Aus kognitionspsychologischer Sicht erfordert jedes Lernen ein Minimum an selbstgesteuerter Aktivität (vgl. MANDL/REINMANN-ROTHMEIER 1995). Insbesondere ist die Enkodierung neuen Wissens immer auch ein vom Lerner intendierter Vorgang.

Zusammenfassend lässt sich sagen, dass selbstgesteuertes Lernen eine lange Tradition in der Pädagogik hat, deren Bedeutsamkeit angesichts aktueller gesellschaftlicher Entwicklungen und daraus resultierender Änderungswünsche wieder gewachsen ist. Warum selbstgesteuertes Lernen in der aktuellen pädagogisch-psychologischen Theorie und Praxis eine tragende Rolle spielt und welche gesellschaftlichen Hintergründe hierfür verantwortlich zu machen sind, soll nun weiter präzisiert werden.

2 Begründungen für selbstgesteuertes Lernen in Schule und Hochschule

Wenn selbstgesteuertes und selbstverantwortetes Lernen zu einem wichtigen Bestandteil schulischer Lehr- und Lernarbeit werden soll, muss dies begründet werden. Dies gilt umso mehr als die Tradition unserer Schulen und Hochschulen und die damit einhergehenden Erwartungen, etwa seitens der Eltern, zunächst einmal eher auf den angeleiteten, lehrerorientierten Unterricht ausgerichtet ist. Auch zeigt sich in der Unterrichtspraxis eine eindeutige Dominanz angeleiteter Lehr-Lernformen.

Welche Gründe sind dafür ausschlaggebend, dass methodisch-didaktische Konzepte des selbstgesteuerten Lernens gerade zum jetzigen Zeitpunkt für so wichtig und praktisch relevant erachtet werden? Selbstgesteuertes Lernen als Allheilmittel in einer Zeit, in der die Schule in eine Krise geraten ist? Selbstgesteuertes Lernen als Motivationsschub, als Hoffnungsschimmer im Kampf gegen Schulfrust und Abwehrhaltungen? Diese Ansichten werden häufig von pädagogischen Experten und Laien vertreten; sie alleine reichen aber nicht aus, um den Einsatz selbstgesteuerten Lernens in der Schule zu begründen.

2.1 Gesellschaftlicher Begründungszusammenhang

Unsere Gesellschaft unterliegt einem schnellen und stetigen Wandel. Die durch Herkunftsmilieus tradierten Lebensstile werden heute grundlegend in Frage gestellt. Ein schneller und starker Wertewandel erschwert überdies eine leichte Entscheidung für oder gegen bestimmte Werte, was vielfach zu Orientierungslosigkeit der in dieser Gesellschaft lebenden Menschen führt. Nicht weniger weit reichend wirken die Veränderungen der gesellschaftlichen Lebensformen. Markant sind Wandlungen des familiären Gefüges. Zu beobachten ist einmal, dass sich die Berufe der Eltern aus dem häuslichen Rahmen nach draußen verlagert haben. Zum anderen gibt es häufig nicht mehr die klassische Familie, in der Vater, Mutter und Kinder zusammenleben. Vielmehr trifft man auf eine Vielfalt von Formen des Zusammenlebens (s. o.), wie alleinerziehende Väter und Mütter, Wohngemeinschaften, Tagesstätten, Tagesmütter usw. Auch wie ein Kind oder ein Jugendlicher zu sein hat, ist heute im Gegensatz zur bürgerlichen Gesellschaft nicht mehr eindeutig festgelegt. In der bürgerlichen Gesellschaft waren Rollen und Traditionen wie ein Gerüst, das dem einzelnen Sicherheit gab. Zwar war dieses Gerüst oft auch ein einengendes Korsett, dafür aber bot es Verlässlichkeiten und Vorhersehbarkeit. Ohne diese Stütz- und Leitlinien entwickelt sich die Lebensführung immer mehr zu einem individualisierten Projekt, in dem das Individuum herausgefordert ist seine Lebensentwürfe selbst zu konstruieren. Was bei Erwachsenen häufig unter dem Begriff der ›Selbstverwirklichung‹ firmiert, zeigt sich im Verhalten vieler Kinder in Form einer weitgehenden Ich-Bezogenheit. Sie nehmen die Anliegen anderer nicht wahr und sind stark auf ihr eigenes Handeln sowie ihre eigenen Wünsche fixiert. Möglicherweise spielt hier eine ursächliche Rolle, dass viele Kinder als Einzelkinder aufwachsen und weniger Kontakt zu anderen Kindern haben.

Eine weitere nennenswerte Tendenz offenbart sich in der Zunahme der Bedeutung der Medien. Diese dringen massiv in das Leben der Kinder und Jugendlichen ein und prägen ihr Meinungsbild. Sie beeinflussen in hohem Maße die Wertebildung und machen einen gewichtigen Teil ihres Freizeitverhaltens aus. Dabei präsentiert sich mediale Welt in einer unverbindlichen Vergleichzeitigung von Bildern, Tönen und Texten, aus denen der Rezipient das für ihn Wichtige nach Belieben auswählen und zusammenstellen kann (vgl. FRITZ 1998). Die neuen Technologien eröffnen auch ganz neue Erfahrungsräume. Die elektronische Welt vom Fernsehen bis zum Computer liefert ›Erfahrungen aus zweiter Hand‹. Vorfabrizierte Deutungen, nicht die Realität wird angeboten. Damit verbunden ist die Reduktion von selbstständigen Erfahrungsmöglichkeiten zu Gunsten des Vordringens konsumierender Formen. Gerade sinnliche Erfahrungen sind es aber, die aus lernpsychologischer Sicht Lernen und Wissenserwerb begünstigen. Eigenes Tun ist die materielle Grundlage der menschlichen Erkenntnistätigkeit.

Neue Informationssysteme haben darüber hinaus tief greifende Auswirkungen auf die beruflichen Qualifikationsstrukturen. Die immer schnellere und weitreichendere technische Entwicklung beschleunigt die Verfallszeit des konkreten beruflichen Wissens und Könnens. Was heute relevant und aktuell ist, gilt schon morgen nicht mehr. Fachwissen veraltet sehr schnell, das Wissen zum Aneignen neuen Wissens wird stärker gefordert. Eine gute Schulbildung garantiert schon lange nicht mehr einen adäquaten Beruf oder eine adäquate Berufsausbildung.

Schließlich spielen im gesamtgesellschaftlichen Kontext auch ökologische Fragen eine gewichtige Rolle. Hervorzuheben sind z. B. Umweltprobleme, die sich zu globalen Schwierigkeiten ausweiten können und denen die Menschen meist hoffnungslos gegenüberstehen. Bevölkerungsentwicklungen und Migration bringen neue gesellschaftliche Probleme ins Spiel, die sich international ausweiten und Auswirkungen auf alle Lebensbereiche haben (vgl. BILDUNGSKOMMISSION NRW 1995, S. 21–69; RADEMACHER / SCHULZE 1998, S. 9–14).

Neue methodisch-didaktische Modelle werden entwickelt, die Antworten auf gesellschaftliche Veränderungen liefern sollen. Bisher eingesetzte unterrichtliche Vorgehensweisen scheinen den genannten Entwicklungen nicht mehr gerecht werden zu können. Zunehmend werden Forderungen nach Phasen selbstgesteuerten Lernens laut.

2.2 Lerntheoretische Begründungen

Wenn Lernen im Kern ein individueller Prozeß ist, sind Anregungen unausweichlich, die die Lernenden dazu befähigen über den herkömmlichen Unterricht hinaus ihr Lernen selbst in die Hand zu nehmen. Konkret bedeutet dies ihnen Möglichkeiten zu eröffnen, ihre Lernprozesse (nach)steuern zu können. Jeder Lernende muss die im Unterricht aufgenommenen Inhalte individuell verarbeiten. Dazu benötigt er Raum, Zeit und die Möglichkeit seine von ihm favorisierten Lernwege zu benutzen (vgl. SIMONS 1992; WEINERT 1997).

Frontalunterricht folgt der Vorstellung, dass ein von einem Lehrer durchgeführter Unterricht stets 20-30 Lernprozesse (der einzelnen Schüler) synchron initiiert, realisiert und zu einem Ergebnis führt. Dies ist sicher eine Illusion. Lernprozesse, die man in der Regel nicht genau und differenziert genug initiieren kann, werden allenfalls teilweise synchron zum abgehaltenen Unterricht verlaufen. Häufig werden sie sich unstet vollziehen, also irgendwann anfangen, abbrechen, später wieder beginnen. Ein zweites Problem besteht darin, dass bei lehrerorientiertem Unterricht das Lerntempo sich an einem angenommenen Durchschnitt ausrichtet. Individuelle Lernprozesse bleiben außer Acht. Die Konsequenz kann sein, dass abgebrochene, nicht in Gang gekommene und im Tempo verzerrte Lernprozesse schließlich zur Kumulation von Halb- bzw. Nicht-Verstandenem führen. Man bezeichnet dies gern als »Lernstörungen« (vgl. BÖNSCH, 1995). Selbstbestimmtes, selbstverantwortliches Lernen kann hier andere Lernmöglichkeiten eröffnen.

Das Lernen zu lernen steht im Vordergrund der lerntheoretischen Begründung. Lernende müssen Möglichkeiten erhalten ihren Lerntyp, ihre Lernstrategien, ihre Lern- und Arbeitstechniken herauszufinden um ihr Lernen selbst verantworten zu können. Daraus ergeben sich notwendigerweise Konsequenzen für die Lehrenden: sie geben immer weniger den Unterrichtsinhalt vor und legen die Lernziele fest; sie planen auch nicht mehr alleine den Unterrichtsablauf, bestimmen immer weniger die Methoden, die Sozialformen und die von den Schülerinnen und Schülern zu verwendenden Hilfsmittel. Die Lehrkraft ist auch weniger verantwortlich für das Festhalten der Ergebnisse. Schülerinnen und Schüler übernehmen zunehmend selbst die

Verantwortung für ihren Lernprozess. Letztlich kommt es der Qualität des Lehrens und Lernens zugute, wenn der Lernende in seiner Vielfältigkeit angenommen wird. Dies kann aber nur gelingen, wenn differenzierende Maßnahmen ergriffen werden. Differenzierung bezieht sich auf sachbezogene, soziale und personzentrierte Lernprozesse.

Die Forderungen nach Individualisierung und Differenzierung steht unmittelbar mit den in *Abschnitt 2.1* beschriebenen gesellschaftlichen Veränderungen in Verbindung. Die erkennbaren pluralen Einflüsse unserer Gesellschaft verstärken die ohnehin vorhandene Unterschiedlichkeit der Lernvoraussetzungen, -fähigkeiten und -stile seitens der Lernenden. Will man dem Einzelnen gerecht werden, sind differenzierende und individualisierende Maßnahmen zwingend geboten.

Auch sozialerzieherische Gründe können herangezogen werden, um selbstorganisiertes Lernen in der Schule zu rechtfertigen. Gegenseitige Hilfe, Anregung, Beratung, gemeinsames Lernen, tutorielle Hilfe (Schüler helfen Schülern), Ermutigung usw. sind nicht notwendigerweise Illusionen. In selbstorganisierten Unterrichtskonzepten können Solidarität, Empathie und Kooperation Realisierungschancen bekommen, die der Frontalunterricht so nie anbieten kann. Bei selbstbestimmtem Lernen erfährt der Einzelne, was ein anderer sich vornimmt, wie er arbeitet, welche Hilfen er benutzt und ob bzw. wie er seine Schwierigkeiten bewältigt.

2.3 Bildungstheoretische Begründungen

Schule ist eine Bildungsinstitution, und alle Lehrerinnen und Lehrer sind neben dem Erziehungsauftrag auch einem Bildungsauftrag verpflichtet. Deshalb ist es wichtig und notwendig zu überlegen, welche Aufgaben selbstgesteuerte Lernprozesse im bildungstheoretischen Sinn in der Schule haben und wie sie aus dieser Sicht begründet werden können.

Der Neuhumanist Wilhelm von Humboldt (1767–1835; Benner 1990) beschreibt in seiner Bildungstheorie bereits Gedanken, die für die heutige Gestaltung von Unterricht wichtig sind. Humboldt vertritt die Auffassung, dass der Mensch in einer Mannigfaltigkeit kultureller und sozialer Beziehungen lebt. Er ist in eine Fülle von Situationen hineingestellt, in denen er sich immer wieder entscheiden muss. Um solche Entscheidungen treffen zu können benutzt der Mensch eine in ihm wohnende Kraft, die nicht nur formal begriffen werden kann, sondern die sich auch inhaltlich und moralisch ausgestaltet und äußert. Jedes Individuum trägt eine Kraft in sich, die sich aber nur durch die Auseinandersetzung mit der Welt entwickelt. Humboldt spricht von einer Dialektik zwischen Individuum und Welt: Das Individuum braucht die Welt, um seine Kräfte entfalten zu können, die Welt braucht das Individuum, um gesellschaftliche Welt sein zu können. Das Individuum ist im Sinne Kants ein moralisches Wesen und kann deshalb verantwortungsvoll handeln. Voraussetzung für dieses Denken ist ein Menschenbild, welches dem Menschen Selbst- und Weltreflexivität zuordnet, also die Eigenschaft sich selbst zu bilden und diese Bildung verantwortlich in gesellschaftliches Handeln umzusetzen.

HUMBOLDT sieht die Bestimmung des Menschen darin, zu seinem Wesen, zu seiner Individualität zu kommen, also seine Persönlichkeit zu entwickeln. Diese Wechselwirkung zwischen Mensch und Welt bedarf der Freiheit und der Mannigfaltigkeit, um bildend und bildungswirksam sein zu können. Die Entwicklung der Individualität soll den Menschen auf eine selbst verantwortete Mitwirkung an der menschlichen Gesamtpraxis vorbereiten und zur Teilnahme an der Gründung einer neuen Öffentlichkeit befähigen (vgl. BENNER 1990).

HUMBOLDTS Bildungsauffassung lässt sich in selbstgesteuerten Lernformen durchaus verwirklichen. Diese bieten den Lernenden eine Mannigfaltigkeit an Aufgaben an, aus denen sie dann gemäß ihren Bedürfnissen auswählen können. Sie verfügen damit über die von HUMBOLDT geforderten Entscheidungsspielräume, die er als notwendig erachtet, um Bildung in Gang zu setzen. In diesem Sinne stellen sie einen Bildungsprozess dar, oder anders ausgedrückt, ein Unterrichtskonzept, in dem sich Bildung im Sinne HUMBOLDTS vollziehen kann.

HUMBOLDTS Theorie wird von Wolfgang KLAFKI (vgl. KLAFKI 1996), einem der bekanntesten neueren Bildungstheoretiker, in seinem Konzept einer allgemeinen Bildung fortgeführt. Als ursprünglicher Vertreter der bildungstheoretischen Didaktik weitet er seine Didaktik zur kritisch-konstruktiven Didaktik aus, wobei er versucht ein Konzept zu schaffen, das eine Neuinterpretation von Hermeneutik, Empirie und Gesellschafts- bzw. Ideologiekritik in pädagogischer Perspektive einschließt. Dabei prägt er den Begriff der »kategorialen Bildung«. Darunter versteht er eine grundlegende Bildung, insofern sich in diesem Prozess grundlegende Formen und Inhalte des Erkennens bzw. des Verstehens herausbilden. Diese erzeugen Kategorien im Menschen, mit deren Hilfe sie sich selbst und die Welt sowie das Verhältnis Mensch-Welt interpretieren und dabei ein begründetes Handeln entwickeln können. Kategoriale Bildung beinhaltet sowohl Momente der formalen als auch der materialen Bildung. Es besteht ein ständiger Verweisungszusammenhang zwischen beiden Komponenten. Kategoriale Bildung muss Ziel jeglichen Unterrichts sein, wenn man von einer bildungstheoretischen oder auch kritisch-konstruktiven Didaktik ausgeht. Kategoriale Bildung beinhaltet die Zielsetzungen, die immer wieder an selbstgesteuerte Arbeitsformen gestellt werden: Aneignung von Methoden und bestimmten Fähigkeiten (formale Aspekte), Beschäftigung mit Inhalten (materiale Bildung); beides zusammen soll den Schülerinnen und Schülern helfen sich in der Welt zurechtzufinden, verantwortlich darin handeln zu können und eigene Entscheidungen zu treffen.

Über bestimmte Inhalte muss diskutiert werden. Damit dies geschehen kann, sind lehrerzentrierte Informationsphasen durchaus sinnvoll, sofern sie die selbstständige Weiterverarbeitung zulassen oder anregen. Selbstgesteuertes Lernen kann dann einen Beitrag zur Kategorialen Bildung leisten, wenn es in weiteres Unterrichtsgeschehen eingebettet wird und darin einen Platz einnimmt, der es den Schülerinnen und Schülern ermöglicht, eigenständig Kategorien für das Verständnis der Welt zu entwickeln.

KLAFKI (1996) sieht die Forderung nach Bildung als Befähigung zu vernünftiger Selbstbestimmung schon in den klassischen Bildungstheorien verwirklicht. Neben Selbstbestimmung werden auch Begriffe wie Freiheit, Emanzipation, Mündigkeit, Selbsttätigkeit oder Autonomie verwendet. Diese Gesichtspunkte nimmt KLAFKI auf, wenn er zwölf Thesen zur Konstruktion eines Allgemeinbildungskonzepts formuliert (vgl. KLAFKI 1996, S. 43-81). Die wesentlichen Thesen sollen nun sinngemäß wiedergegeben werden.

Nach KLAFKI muss Bildung heute als selbsttätig erarbeiteter und personal verantworteter Zusammenhang dreier Grundfähigkeiten verstanden werden:

- Jeder Mensch muss die Fähigkeit zur *Selbstbestimmung* haben über seine eigenen Lebensbeziehungen und Sinndeutungen, über berufliche, ethische, zwischenmenschliche oder religiöse Belange.
- Jeder Mensch hat *Mitbestimmungsfähigkeit,* da jeder Anspruch und Verantwortung hat für die Gestaltung unserer Welt, unserer Ordnungen und unserer Lebensverhältnisse.
- Jeder Mensch muss über *Solidaritätsfähigkeit* verfügen, damit er den eigenen Anspruch auf Selbstbestimmung und Mitbestimmung auch auf die übertragen kann, die dazu selbst aus verschiedenen Gründen nicht in der Lage sind. Diese Grundfähigkeiten machen Bildung aus und müssen in der Schule entwickelt werden. Auch wenn ein solcher Anspruch in der Praxis wohl nie vollständig eingelöst werden kann, können Ansätze von Selbstbestimmungs-, Mitbestimmungs- und Solidaritätsfähigkeit im Unterricht grundgelegt werden.

Weiter geht KLAFKI auf den Begriff Allgemeinbildung ein. Er unterscheidet dabei zwischen drei Bedeutungsmomenten:

- *Bildung für alle.* Damit setzt sich KLAFKI für mehr Chancengleichheit zur Entwicklung menschlicher Grundfähigkeiten ein. Hier kann Freiarbeit durch Differenzierung und Individualisierung durchaus einen Beitrag leisten.
- Bildung muss *alle Grunddimensionen menschlicher Fähigkeiten* berücksichtigen, also das Lernen mit Kopf, Herz und Hand praktizieren. Bildung soll sich vielseitig vollziehen. Dies bezieht sich vor allem auf Aspekte formaler Bildung, aber auch auf inhaltliche Vielseitigkeit. Das Moment der Vielseitigkeit ist eine wichtige Ergänzung des dritten Bestandteils von Allgemeinbildung (»Bildung im Medium des Allgemeinen«), der für KLAFKI das Kernstück seines Konzepts darstellt.
- *Bildung im Medium des Allgemeinen.* Hier geht KLAFKI auf sein Schlüsselproblemkonzept ein. Allgemeinbildung bedeutet in dieser Hinsicht ein geschichtlich vermitteltes Bewusstsein von zentralen Problemen der Gegenwart und – soweit voraussehbar – der Zukunft zu gewinnen, Einsicht in die Mitverantwortlichkeit aller angesichts solcher Probleme und Bereitschaft an ihrer Bewältigung mitzuwirken. Abkürzend kann man von der Konzentration auf epochaltypische Schlüsselprobleme unserer Gegenwart und der vermutlichen Zukunft sprechen. Es muss sich dabei um Probleme handeln, die global bedeutsam sind, ihre Bedeutung über längere Zeit (eine Epoche) nicht verlieren und auch für den einzelnen zentral sind. KLAFKI nennt solche Schlüsselprobleme: Friedensfrage, gesellschaftlich produzierte Ungleichheit, Gefahren und Möglichkeiten der neuen Medien, Umweltprobleme usw.

Die schulinterne Auseinandersetzung mit Schlüsselproblemen soll Schülerinnen und Schülern dabei helfen sich selbst ein Bild von der Problematik machen und damit eigene Urteile bilden zu können, die es ihnen ermöglichen nach Lösungen zu suchen. Der Einzelne erfährt sich als Betroffener, der angeregt wird, auch zu handeln. Die Auseinandersetzung mit Schlüsselproblemen ist notwendig um zu den von KLAFKI genannten Grundfähigkeiten zu kommen. Damit spielen sie auch eine Rolle, wenn es um die Selbstständigkeit junger Menschen geht. Um sich mit solchen Schlüsselproblemen auseinandersetzen zu können, müssen verschiedene Einstellungen und Fertigkeiten erlernt werden. KLAFKI nennt folgende:

- *Kritikbereitschaft und -fähigkeit,* um Standpunkte aufnehmen und hinterfragen zu können,
- *Argumentationsbereitschaft und -fähigkeit,* um eigene Auffassungen darstellen zu können,
- *Empathiefähigkeit,* um andere verstehen und sich in sie hineinversetzen zu können,
- *Fähigkeit zum vernetzenden Denken,* um Zusammenhänge zu erkennen.

Wichtig ist die Frage, wie KLAFKI glaubt seine Schlüsselprobleme im Unterricht thematisieren und behandeln zu können. Dabei spricht er vor allem von fünf Prinzipien:

- *Exemplarisches Lehren und Lernen,* also ausgewählte Sachverhalte, an denen Zusammenhänge erklärt und Prinzipien verständlich werden können,
- *Methodenorientiertes Lernen* um sich Verfahrensweisen anzueignen die es ermöglichen, sich mit Sachverhalten auf unterschiedliche Weise auseinanderzusetzen,
- *Handlungsorientierter Unterricht,* wo auch praktisch gelernt werden kann,
- Verbindung von *sachbezogenem und sozialem Lernen.*
- *Konzentrationsfähigkeit, Anstrengungsbereitschaft, Rücksichtnahme* usw. gehören ebenfalls zu einem Allgemeinbildungskonzept.

Bei den hier ausgeführten Prinzipien kann selbstgesteuertes Lernen von großer Bedeutung sein. Es schafft die Voraussetzungen für die Arbeit mit Schlüsselproblemen, indem

- exemplarisch, methodenorientiert, handlungsorientiert gelernt und gearbeitet wird,
- soziales und sachliches Lernen beachtet wird und
- in der Auseinandersetzung mit anderen Argumentations- und Kritikfähigkeit erlernt wird.

Voraussetzung hierfür ist, dass die Bildungsinstitution genügend Anlässe und Gelegenheiten anbietet, in denen ein lernendes Individuum eigene Interessen entwickeln, selbst etwas für wichtig erachten und entsprechend bearbeiten kann. Nur wenn solche Freiheitsgrade verfügbar sind, wird das Individuum das Lernen selbst in die Hand nehmen und sich selbstständig mit den Problemen der Welt auseinandersetzen.

3 Psychologische Voraussetzungen für selbstgesteuertes Lernen

Alle neueren Lerntheorien begreifen Lernen als gesteuerten Prozess, der bestimmte Komponenten einschließt (vgl. NEBER 1978; KONRAD 1995). Zu jedem Lernvorgang gehören:

- Die *Zielstellung* (Elaboration der Ziele, die mit einer Lernepisode erreicht werden sollen)
- die während des Lernprozesses durchgeführten *Operationen* (diese umfassen sowohl Lernaktivitäten, z.B. das Anfertigen von Notizen, als auch Regulationsaktivitäten) und
- zielorientierte *Kontrollprozesse* (Bewertung des Ergebnisses einer Lernepisode).

Die beschriebenen Bestimmungsstücke können sowohl extern als auch intern gesteuert werden. Je nachdem, welche Komponenten des Lernens in einem bestimmten Fall fremd- bzw. selbstbestimmt sind, können unterschiedliche Grade von Fremd- und Selbststeuerung unterschieden werden (vgl. SCHIEFELE/PEKRUN 1996). Im Folgenden beleuchten wir jene personalen und situativen Bedingungen, die für selbstgesteuertes Lernen erfüllt sein müssen.

3.1 Voraussetzungen der Person

Selbstgesteuertes Lernen muss gelernt werden, und die Lernenden müssen die Bereitschaft zur selbstgesteuerten Arbeit mitbringen und weiter entwickeln. Des weiteren benötigen sie bestimmte Fähigkeiten oder Kompetenzen, die dazu beitragen das selbstgesteuerte Lernen in Gang zu bringen und aufrechtzuerhalten. Systematisch betrachtet sind es auf der Personseite drei Aspekte, die eine genaue Betrachtung verdienen:

- Motivation
- Lernstrategien
- Metakognition.

3.1.1 Motivation

Bei der Bestimmung der Selbststeuerung kommt affektiv-motivationalen Variablen eine hervorgehobene Bedeutung zu. Einmal abgesehen von inzidentellem Lernen, ist eine hinreichende Motivation ebenso als notwendige Bedingung für jedwede Art von Wissenserwerb anzusehen wie dies für kognitive Variablen unterstellt werden kann (vgl. PEKRUN/SCHIEFELE 1996).

In Abkehr von der biologisch orientierten Motivationsforschung, die in den elementaren organismischen Trieben die Quelle aller Verhaltensenergie sah, haben sich in den letzten Jahrzehnten kognitive Motivationsmodelle durchgesetzt, die wesentliche Elemente des selbstgesteuerten Lernens theoretisch begründen und erklären können.

Ein erster Theoriestrang der Motivationspsychologie befasst sich mit Prozessen, die für die Souveränität menschlichen Handelns typisch sind. Kognitivistisch und handlungstheoretisch fundierte Phasen-Handlungs-Modelle definieren die Motivation als eine momentane Gerichtetheit auf ein Handlungsziel, die sich aus einer Person-Situation-Interaktion entwickelt. Welche Gerichtetheit im Akt der Vornahme in Kraft gesetzt und handlungsleitend wird (vgl. SCHIEFELE 1993), hängt von verschiedenen Determinanten des Motivationsgeschehens ab. Folgt man dem Erwartungs-Wert-Paradigma der Erklärung von Motivation (vgl. HECKHAUSEN 1989; RHEINBERG 1989), so sind für die Entstehung von Motivation im Lernbereich Erwartungen und wertbezogene Kognitionen sowie deren kognitive Antezedenzien (wie Selbstkonzepte, Kausalattributionen oder überdauernde Interessen) zentral (*s. Abbildung 2*; PINTRICH 1989):

- *Wertkomponenten:* Valenzen der Folgen, handlungsimmanente Anreize
- *Erwartungskomponenten:* Situations-Handlungs-Erwartungen, Handlungs-Ergebnis-Erwartungen
- *Affektive Komponenten:* selbstbezogene Gefühle, aufgabengerichtete emotionale Reaktionen.

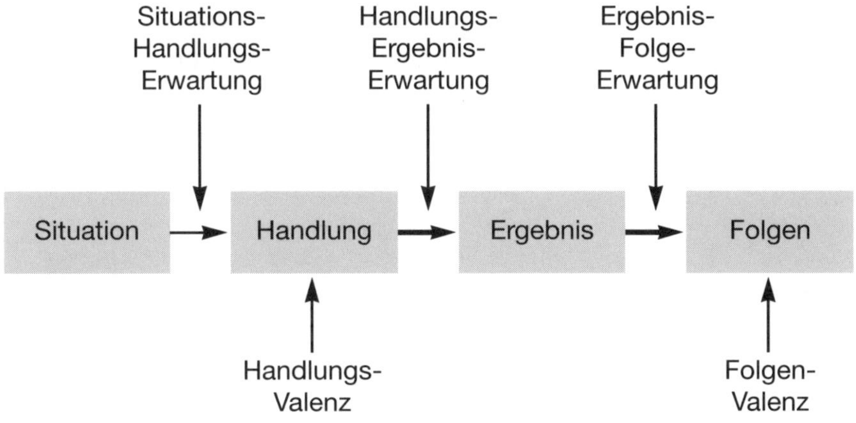

Abb. 2: Differenziertes Erwartungs-mal-Wert-Modell

Nach Ansicht vieler Autoren (vgl. HECKHAUSEN 1989) bestimmt das Erwartungs-mal-Wert-Prinzip die Stärke der Handlungstendenz, also das Ausmaß, in dem sich eine Absicht zur Erledigung aufdrängt. Als Kriterium der Handlungswahl gilt: Es wird diejenige Absicht zur Behandlung ausgewählt, für die das Produkt aus Wichtigkeit (Valenz = V), Kontrollerwartung (Handlungs-Ergebnis-Erwartung = HEE) und Kompetenzempfinden (Situations-Handlungs-Erwartung = SHE) am größten ist (vgl. KONRAD 1993). Die folgende Formel bringt dies zum Ausdruck:

$$Handlung = SHE * HEE * V$$

Dem multiplikativen Charakter dieser Ansätze entsprechend dürfen weder der Anreizwert noch die Erwartungen bestimmte kritische Schwellen unter- oder überschreiten, andernfalls kommt es zu keiner Lernhandlungstendenz.

Bereits diesen skizzenhaften Hinweisen ist zu entnehmen, dass auf dem Weg von Motivation zur Handlung zwischen mehr oder weniger bewussten Alternativen gewählt werden muss. Dass souveränes menschliches Handeln gerade mit solchen Wahl- und Entscheidungsprozessen zusammenhängt, ist offenkundig.

Ein *zweiter Theoriestrang* trachtet danach, die Lücke zwischen Informationsverarbeitungs- und Motivationstheorien zu schließen. Ausgehend vom Ansatz KUHLS (1987), der zwischen Selektions- und Handlungsmotivation unterscheidet, wird der Motivationsprozess vor der Handlungsausführung in eine motivationale und in eine volitionale (= willentliche) Phase unterteilt (s. *Abbildung 3*). Gegenüber den Vorstellungen der Erwartungs-Wert-Theorien (s. *Abbildung 2*) werden nun auch die Determinanten des Handlungsvollzugs (Planung, Handlungsausführung usw.) berücksichtigt.

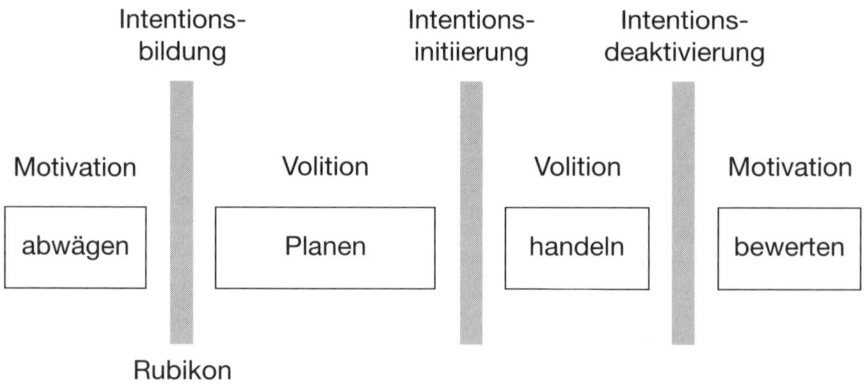

Abb. 3: Ablaufschema von Motivation und Volition

Nach *Abbildung 3* umfasst eine Lernepisode vier Phasen:

1. Abwägen
Die Wahl relativ attraktiver und erreichbarer Ziele erfordert das vergleichende Abwägen der Wünschbarkeit und Realisierbarkeit dieser Wünsche. Es kommt zur Ausbildung einer Zielintention. Der Übergang zwischen der Phase des Abwägens und der Realisation der Zielintension, zwischen motivational und volutional determinierten Prozessen, ist die ›Rubikonüberquerung‹; der Punkt, von dem ab es nur noch um die bestmögliche Realisation des gefassten Entschlusses geht.

2. Planen
Die Zielintention liegt vor und man ist entschlossen, das intendierte Ziel zu realisieren. Die Realisierung kann vorangetrieben werden, indem man sich um die Initiierung relevanter Handlungen bemüht. Hierbei entsteht eine spezifische Handlungsintention, die sich genauer als ›Ausführungsintention‹ bezeichnen läßt.

3. Handeln
In der aktionalen Phase stellt sich die Aufgabe, die begonnene Realisierung des Ziels erfolgreich zu Ende zu führen.

4. Bewerten
Schließlich steht in der postaktionalen Phase die Aufgabe an, das Handlungsergebnis und dessen Folgen zu bewerten. Es geht darum herauszufinden, ob das intendierte Handlungsergebnis erreicht wurde und die erwarteten Konsequenzen auch eingetreten sind.

Motivations-Volitions-Theorien stellen Kontrollmechanismen in Rechnung, die über das hinausgehen, was der Handelnde subjektiv als kontrollierbar wahrnimmt. Annahme ist, dass die Wahl eines Ziels und die motivationale Persistenz beim Streben nach diesem Ziel nicht hinreichen. Es müssen Willensprozesse hinzukommen, die dem Lernenden bewusst sind und die er willkürlich zur Steuerung der zur Zielerreichung relevanten Tätigkeiten einsetzt.

Personen, die mehr von ihren Absichten in die Tat umsetzen als andere, scheinen dies durch folgende willentliche Kontrollprozesse zu erreichen (vgl. KUHL 1987, 1996; PEKRUN / SCHIEFELE 1996):

- durch *Kontrolle der Aufmerksamkeit*, d.h. absichtsgefährdende Informationen und Stimuli werden ausgeblendet;
- durch *Kontrolle der Motivation*, d.h. attraktive Anreizmomente der beabsichtigten Handlung werden fokussiert;

- durch *Kontrolle der eigenen Emotionen*, beispielsweise indem man absichtsgefährdende Emotionslagen (z. B. Traurigkeit) meidet;
- durch eine *handlungsorientierte Bewältigung* von Misserfolgserlebnissen und deren emotionalen Folgen (z. B. Enttäuschung oder Ärger), d. h. sich beispielsweise nach einem Misserfolg nicht selbst in Frage zu stellen, sondern eher einen weiteren Anlauf zur Ausführung der Handlung zu unternehmen oder ein realistischeres Ziel anzustreben;
- durch *Umweltkontrolle,* d. h. durch Gestaltung und Veränderung der unmittelbaren Umgebung, um absichtsgefährdende Stimuli zu meiden und
- durch das Erkennen der richtigen *Gelegenheit zur Handlung* (Initiierungskontrolle) sowie durch eine sparsame Informationsverarbeitung. Beispielsweise wird es vermieden, ausufernd über das Für und Wider einer geplanten Handlung zu reflektieren und fortlaufend Informationen einzuholen, da ein solches Verhalten eher zur Lähmung der Handlungsbereitschaft führt.

Aufgabe der volitionalen Handlungssteuerung ist es, die genannten Selbst-Regulations-Techniken (z. B. Emotions- und Motivations-Kontrolle) zu aktivieren. Mit ihrer Hilfe ist es zum Beispiel möglich die vorhandene Emotionslage (»ich fühle mich traurig, antriebslos usw.«) und die damit verbundene motivationale Handlungstendenz (»Ich habe keine Lust«) zu unterdrücken. Gerade der erfolgreiche Lerner ist dazu in der Lage. Er tut bisweilen auch Dinge, die er nicht gerne macht, wenn er gesetzte langfristige Ziele erreichen will (»Ich lerne für die Prüfung, obwohl ich wenig Lust dazu habe«).

Für *selbstgesteuertes menschliches Handeln* sind auch theoretische Vorstellungen von zentraler Bedeutung, die erst in letzter Zeit wieder in den Fokus der Aufmerksamkeit gerückt sind. Gemeint ist die Unterscheidung von motivierten Handlungen nach dem Grad ihrer Kontrolliertheit. Entsprechend unterscheiden Deci und Ryan (1991, 1993) in ihrer Theorie des selbstbestimmten Handelns intrinsische (d. h. tätigkeits- und gegenstandszentrierte Motivation; Pekrun / Schiefele 1996, S. 153) und extrinsische (d. h. auf Handlungsergebnisse bzw. -folgen zielende) Motivation voneinander. Manche Intentionen erscheinen frei von äußeren Einflüssen, Erwartungen, Anordnungen. Sie sind intrinsisch, autonom, selbstbestimmt. Die Person empfindet keinen Druck oder äußeren Zwang, sondern hat den Eindruck, frei wählen oder tun zu können, was sie möchte; sie engagiert sich spontan für eine Aktivität, die sie interessiert (vgl. Deci / Ryan 1991). Die Theorie spricht daher von selbstintentionalen Aktivitäten. Es liegt nahe intrinsische Motivation als Beitrag zur Mündigkeit zu betrachten (vgl. Schiefele 1993). Voraussetzung für intrinsisch motivierte oder selbstintentionale Aktivitäten sind Umfeldbedingungen, unter denen sich die Person als autonom, kompetent und sozial eingebunden erlebt (vgl. Prenzel 1993).

Im Alltag greift das Konzept der intrinsischen Motivation aber nicht weit genug. Lernaktivitäten beruhen meist nicht nur auf einer einzigen Motivation. Man muss daher auch Komponenten der extrinsischen Motivation berücksichtigen. DECI und RYAN (1993) konzipieren extrinsische Motivation auf vier Ebenen: extrinsische Regulation, introjizierte Regulation, Identifikation und Integration. Diese repräsentierten ein Kontinuum von einer fremdbestimmten Regulation durch äußere Kontrolle bis zu einer vollen Selbstbestimmung durch Integration in das Wert- und Zielsystem der Person. Selbststeuerung im Lerngeschehen kann nach alledem erst dann unterstellt werden, wenn eine Person sich mit Lernerfordernissen identifiziert oder diese in ihr Zielsystem integriert hat (vgl. PRENZEL 1993; KRAPP 1996).

Wie mehrere empirische Arbeiten übereinstimmend belegen, bezieht sich hohe intrinsische Lernmotivation auf Kenntnisse und Prozeduren, die besonders mit einer differenzierten und gründlichen Aneignung des Lerngegenstandes zu tun haben (Tiefenstrategien des Lernens). Dagegen ist extrinsische Motivation auf oberflächliche Strategien orientiert, die auf das schnelle Erreichen von Zielen ausgerichtet sind (oberflächliche Lernstrategien) (vgl. SCHIEFELE / SCHREYER 1994; KONRAD 1996).

3.1.2 Lernstrategien

Lernende benötigen strategische Kompetenzen, wollen sie ihre Aufgaben erfolgreich bewältigen. Hierzu zählen vor allem kognitive Strategien, mit deren Hilfe neue Informationen verarbeitet, mit Vorwissen verknüpft und behalten werden können. Bei der Systematisierung von Informationsverarbeitungsstrategien folgen wir der Klassifikation von Weinstein (WEINSTEIN / MAYER 1986; MANDL / REINMANN-ROTHMEIER 1995), der Wiederholungs-, Elaborations- und Organisationsstrategien voneinander unterscheidet:

- *Wiederholungs-/Einprägungsstrategien* heben auf die Aufmerksamkeit und die Enkodierung des Lerninhalts im Kurzzeitgedächtnis ab. Durch mehrfache Wiederholung des Lernstoffes, schriftliches Zusammenfassen wesentlicher Informationen oder indem der Lernende Textauszüge markiert sorgt er dafür, dass neue Informationen so lange im Arbeitsspeicher gehalten werden, bis sie dauerhaft ins Langzeitgedächtnis eingegangen sind.
- *Elaborations-Strategien* dienen dazu Informationen im Langzeitgedächtnis zu verankern, indem neue Wissensinhalte mit bestehenden Strukturen in Beziehung gesetzt werden. Beispiele hierfür sind: Fragen stellen, Zusammenfassen, Analogien bilden.
- *Organisationsstrategien* helfen dem Lerner bei der Auswahl relevanter Wissensinhalte und beim Aufbau eines Netzwerkes von Beziehungen zwischen den gelernten Informationen. Zu den erfolgreichsten Organisationsstrategien zählen Metaplan- und Netzplan-Techniken.

Neben diesen Informationsverarbeitungsstrategien werden in der Literatur weitere Formen der Strategieanwendung unterschieden:

- *Ressourcenstrategien:* Mit Hilfe von Ressourcenstrategien erschließen und nutzen Lernende beim selbstgesteuerten Lernen externe Ressourcen. Hierzu gehören Medien und Materialien, aber auch Personen bzw. Personengruppen sowie die Lernzeit.
- *Selbstbilderhaltende Bewältigungsstrategien:* Für Verlauf und Ergebnis selbstgesteuerten Lernens kann es bedeutsam sein, wie Lernende mit selbstwertbedrohenden Ereignissen umgehen. Zum Erhalt des positiven Selbstbildes kann es z. B. sinnvoll sein, Misserfolge äußeren Faktoren zuzuschreiben, bei wahrgenommenen Anforderungen die Anstrengung zu erhöhen oder sich bedrohlichen Entwicklungen einfach zu entziehen.
- *Volitionale Bewältigungsstrategien:* Wie im *Abschnitt 3.1.1* bereits angemerkt, ist der Wille, Absichten in Taten umzusetzen, beim selbstgesteuerten Lernen von zentraler Bedeutung. Volitionale Strategien können die Kontrolle von Aufmerksamkeit, Motivation und Emotion ebenso einbeziehen wie die Gestaltung der Lernumwelt.

3.1.3 Metakognition

Zu jedem eigeninitiierten Lernprozess gehören kontinuierliche Anpassungen und Feinabstimmungen der Lernhandlungen durch Prozesse der Selbstregulation (vgl. BROWN 1984). Im Handlungsvollzug muss der Lernende u. a.

- den Ausgangspunkt der Handlung bestimmen
- Ziele definieren
- Handlungswege ableiten
- Handlungsschwierigkeiten erkennen
- die erforderlichen Lernschritte ausführen
- das eigene Vorgehen bzw. die bisherigen Ziele im Handlungsvollzug modifizieren.

Die Untersuchung solcher Anpassungsprozesse geschieht für gewöhnlich im Rahmen der Metakognitionsforschung. Was ist mit ›Metakognition‹ gemeint? Ganz allgemein, hat der Begriff Metakognition mit dem Wissen und der Kontrolle über das eigene kognitive System zu tun. Metakognitive Aktivitäten heben sich von den übrigen mentalen Aktivitäten dadurch ab, dass kognitive Zustände oder Prozesse die Objekte sind, über die reflektiert wird. Metakognitionen können daher Kommandofunktionen der Kontrolle, Steuerung und Regulation während des Lernens übernehmen. Auf der phänomenologischen Ebene können sie als eine Art innerer Dialog gesehen werden, den der Handelnde mit sich selbst führt. In der psychologischen Literatur wird der Begriff der Metakognition zur Bezeichnung zweier unterschiedlicher Forschungsfragestellungen verwendet:

Erstens das Wissen über Kognitionen und zweitens die Kontrolle und Steuerung von Kognitionen (vgl. BROWN 1984). Diese beiden Formen der Metakognition sind eng miteinander verknüpft, da sie sich gegenseitig verstärken. Beide wurzeln in der reflexiven Tätigkeit des Individuums. Sie sind konstitutiv für ein Lernen, das in hohem Maße seine eigenen Schritte, Zustände, Zwischen- und Endergebnisse reflektiert.

Metakognitive Kontrolle

Für die Mehrzahl der Modelle zu metakognitiven Kontrollstrategien sind Strategien zur Planung, Überwachung und Regulation kognitiver Prozesse essenziell.

- *Planen:* Planungsaktivitäten implizieren das Setzen von Zielen, das Generieren von Fragen und die Durchführung einer Problemanalyse. Alle diese Aktivitäten unterstützen den Lernenden darin, den Gebrauch von Strategien vorzubereiten und die damit verbundenen Informationen zu nutzen. Darüber hinaus werden Querverbindungen zu vorhandenen Wissensbereichen hergestellt und die Organisation des Lernmaterials unterstützt.
- *Überwachen:* Überwachungs-Tätigkeiten werden vom Lernenden zur Diagnose des Lerngeschehens herangezogen. Ziel ist es, die angebotenen oder selbst erarbeiteten Informationen zu verstehen und in bereits vorhandene Wissensbestände zu integrieren.
- *Regulation:* Selbstregulations-Prozesse sind eng mit den beschriebenen Überwachungs-Aktivitäten verknüpft. Die Regulation von Kognitionen wird dann relevant, wenn es um die aktuelle Bearbeitung von Problemlöseaufgaben geht. Sie betrifft eine Reihe von Entscheidungen bzw. strategischen Aktivitäten, die dabei notwendig werden können.

Es handelt sich bei diesen Aspekten des Lernens und Problemlösens um Funktionen zur Selbststeuerung exekutiver Prozesse, welche in der metakognitiven Forschung als höchst bedeutsam beschrieben werden (vgl. BROWN 1984; FLAVELL 1979). Lernbegleitende Kontrollstrategien laufen beim selbstgesteuerten Lernen vielfach vor- oder unbewusst ab und sind von Informationsverarbeitungsstrategien theoretisch nicht immer leicht abzugrenzen (vgl. MANDL/REINMANN-ROTHMEIER 1995). Handlungsbegleitende und -steuernde Kontroll- und Korrekturprozeduren erfüllen nach dem aktuellen Wissensstand vor allem zwei Funktionen: Sie tragen dazu bei, das spezifische Strategiewissen zu optimieren, indem z. B. unzureichende Strategieinformation entdeckt wird; sie sorgen außerdem für die Initiierung, Kontrolle und Regulation laufender kognitiver Prozesse und für eine abschließende Bewertung ihres Erfolges (vgl. WEINERT 1994).

Ohne sie ist eine Steuerung der eigenen Aktivitäten so wenig denkbar wie eine angemessene Beurteilung der entsprechenden Resultate. Exekutive Kontrollstrategien verbessern vor allem dann die Lernleistung, wenn die Aufgaben von mittlerer subjektiver Schwierigkeit sind, bei günstigen erfolgs- und handlungsorientierten Motivkonstellationen und wenn die Lerninhalte neu und unvertraut sind.

Metakognitives Wissen

Deklaratives sowie epistemisches Wissen und Bewusstsein – die zweite Komponente der Metakognition – ist für jeden Lernvorgang essenziell (vgl. WEINERT 1991). Es handelt sich hier um Wissen über das eigene kognitive System, deshalb wird es auch als metakognitives Wissen bezeichnet (vgl. FRIEDRICH/MANDL 1992).

Wissen über Kognitionen richtet sich auf Kenntnisse des Lernenden über Person-, Aufgaben- und Strategievariablen.

- Als *Wissen über Personvariablen* bezeichnet man jenes Wissen, das sich auf Merkmale von Personen als denkende, affektive und motivierte Organismen bezieht (Wie gut ist mein Gedächtnis für diese oder jene Art von Lernstoff? (Metamemoriales Wissen und Metagedächtnis nach FLAVELL 1979).
- Mit *Wissen über Aufgabenvariablen* ist gemeint, dass Menschen etwas über die Aufgaben lernen, mit denen sie zu tun haben (Um welchen Aufgabentyp handelt es sich hier?).
- *Kenntnisse über Strategievariablen* richten sich schließlich auf kognitive Leistungen oder Prozeduren, mit deren Hilfe gegebene Zustände verändert und Ziele angestrebt werden können (Welche Lernstrategie ist für diese Aufgabe angemessen?).

Trainingsmaßnahmen in Schule und Erwachsenenbildung rücken das Metawissen in den Mittelpunkt der Betrachtung. Die Betonung verlagert sich damit vom Faktenwissen stärker auf den Erwerb von kognitiven Fähigkeiten und von kognitiven Strategien, die als Voraussetzungen für erfolgreiches Lernen angesehen werden können.

3.1.4 Der erfolgreiche (selbstgesteuerte) Lerner

Fasst man die bisherigen Überlegungen zusammen, dann erfordert erfolgreiches selbstgesteuertes Verhalten nicht nur Metakognitionen oder eine günstige Lernmotivation, sondern eine Allianz kognitiver, metakognitiver, motivationaler und situativer Komponenten. PRESSLEY, BORKOWSKI und SCHNEIDER (1987) beschreiben fünf Merkmale guter Strategieanwender bzw. erfolgreicher Lerner:

- Erfolgreiche Lerner verfügen über zahlreiche spezifische und generelle Lernstrategien und setzen diese auch flexibel und reflexiv ein.
- Zusätzlich zum strategischen Wissen besitzen sie auch ein breites Weltwissen, sodass sie bei vielen Lernanforderungen auf reichhaltige inhaltsspezifische Vorkenntnisse zurückgreifen können.
- Im aktuellen Lernprozess wirken strategische, metakognitive und Vorwissenskomponenten eng zusammen.
- Der gute Lerner sieht einen ursächlichen Zusammenhang zwischen persönlicher Anstrengung bei der Ausführung und Steuerung von Strategien und dem Lernerfolg.
- Schließlich schirmt er sein Lernverhalten erfolgreich gegen konkurrierende Verhaltensweisen oder ungünstige Emotionen ab.

Festzuhalten bleibt: In der aktuellen Forschung zu selbstgesteuertem Lernen sind Förderung und Training kognitiver und motivationaler Fertigkeiten von zentraler Bedeutung. Zahlreiche offene Fragen aber bedürfen noch weiterführender empirischer Erhellung (vgl. auch *Abschnitt 5.1.1*).

3.2 Situative Voraussetzungen

Selbstgesteuertes Lernen sowie die darauf bezogenen emotionalen, motivationalen und kognitiven Erfahrungen existieren nicht in einem luftleeren Raum, losgelöst von sozialen und bildungspolitischen Bedingungen. Neben der Person und ihrem individuellen Lernverhalten spielt darum bei der Initiierung selbstgesteuerter Lernprozesse immer auch die den Lernenden umgebende Situation eine wichtige Rolle. Sie kann ausschlaggebend dafür sein, ob selbstgesteuertes Lernen überhaupt möglich ist.

3.2.1 Aspekte der Fremdsteuerung von Lernprozessen

Ob in Schule, Hochschule oder Weiterbildung: Die Gestaltung und die Steuerung von Lehr-Lernprozessen geschieht immer unter mehr oder weniger einschränkenden und / oder fördernden Konstellationen. Niemand ist völlig frei bei der Steuerung der eigenen Lernaktivitäten. Eine wichtige Bedingung für Schüler und Studierende ist der Kontext der jeweiligen Bildungsinstitution: bestimmte Regelungen, wie das Hausrecht oder die Traditionen der Institution beeinflussen die Steuerungsmöglichkeiten insbesondere in Konfliktsituationen. So ist damit zu rechnen, dass die Handlungsmöglichkeiten und die Handlungsnotwendigkeiten in einer berufsbildenden Schule an vielen Stellen anders sind als in einer Pädagogischen Hochschule. Und diese unterscheiden sich wiederum von jenen an einer Universität oder in selbst organisierten Bildungsinitiativen (vgl. GEISSLER 1995).

Weitere einschränkende und/oder fördernde Vorgaben werden durch den institutionell-organisatorischen Bedingungsrahmen gesetzt. Dies beginnt beim Selbstverständnis der jeweiligen Institution, die Bildung anordnet, anbietet oder ermöglicht, und endet bei den Vorgaben, die durch die räumlichen Möglichkeiten und die Ausstattung mit Lernmedien gesetzt werden. In nicht wenigen Bildungsprozessen sind die Steuerungsmöglichkeiten in erster Linie von der Gutwilligkeit des Hausmeisters oder der Flexibilität der Mitarbeiter des Medienzentrums abhängig.

Ein weiterer Punkt ist mit dem zeitlichen Orientierungsbedarf verbunden: Die Organisation des Arbeitsablaufes und die gemeinsame Erarbeitung des zu lernenden Wissens erfordern die Strukturierung und Nutzung der Zeit. Dieser grundlegende Sachverhalt wird leicht übersehen. Viele Lernhandlungen sind überhaupt nicht denkbar ohne Koordinierungsleistung, die die Uhrzeit erst möglich macht. Der Ablauf des Semesters oder Schuljahres, Ferientermine, Prüfungen oder das Jahrgangsprinzip und die entsprechende zeitliche Anordnung des Curriculums im Lehrplan erzeugen einen bestimmten Rhythmus und zugleich Grenzen der Unterrichtsgestaltung durch den Lehrer. Die (Uhr)Zeit setzt weitreichende Verbindlichkeiten und damit Verlässlichkeiten und Abhängigkeit. So mag sich der Lernende fragen: »Wie lange muss ich hier sein?« »Gibt es Zwischenpausen?« »Welche Veranstaltungen soll/muss ich in diesem Semester belegen?« »Wann will oder muss ich meine Prüfungen ablegen?« (vgl. Bromme 1997).

Ungeachtet dieser oft unveränderbaren Rahmenbedingungen ist eine unerlässliche Voraussetzung aller Selbststeuerungsvarianten beim Lernen, dass der Lernende Wahlmöglichkeiten hat und erlebt, dass er selbst etwas verursachen und bewirken, oder anders formuliert, dass er in Selbstbestimmung lernen kann (vgl. Deci/Ryan 1985; Mandl/Reinmann-Rothmeier 1995).

3.2.2 Handlungs- und Entscheidungsspielräume

Selbstgesteuertes Lernen formt sich erst in kommunikativen und für soziale Beziehungen offenen Handlungszusammenhängen (vgl. Bandura 1986). Theoretisch reflektiert wird der Einfluss von Entscheidungs- und/oder Handlungsspielräumen in mehreren komplexen Theorieansätzen, etwa der Motivationstheorie von Deci und Ryan (1993) und dem Konzept des »Tätigkeitsspielraums« von Hacker (1986; Hacker/Skell 1993).

Nach dem Konzept des Tätigkeitsspielraums sind Handlungen immer nur in Abhängigkeit von den vorhandenen Möglichkeiten und Freiheitsgraden verstehbar. In den Bereichen von Schule und Hochschule können Freiräume sowohl durch institutionelle Regelungen als auch durch die pädagogischen

Maßnahmen der Lehrenden gewährt oder blockiert werden. Werden die Aktivitäten der Lernenden von außen reglementiert und stark vorstrukturiert, so haben sie wenig Gelegenheit, die Fähigkeit zu entwickeln selbständig zu lernen. Umgekehrt begünstigt Autonomie – im Sinne von Freiheitsgraden für selbständige Zielstellungen und Entscheidungen für Tätigkeitsinhalte und -formen – die Motivation und Souveränität der Lernenden (vgl. SIMONS 1992).

Von den zahlreichen Einflussgrößen, denen das selbstgesteuerte Handeln in Schule und Hochschule unterliegen kann, räumen wir den folgenden Faktoren eine besondere Bedeutung ein (vgl. WEINERT 1982):

- Lehr-/Lernqualität
- soziale Einbindung
- Möglichkeiten zu Eigenaktivität und zur Kompetenzerfahrung
- Gruppenkohäsion
- Sozial- und Leistungsdruck
- Kontrolle über Lernziele, -inhalte und -wege.

Erfahrungswissenschaftliche Untersuchungen befassen sich in erster Linie mit den ›Kontrollstrukturen‹ von Lernaktivitäten. Ökologische Ansätze der Psychologie legen die Erkenntnis nahe, dass Lernaktivitäten in Abhängigkeit von Gelegenheiten zur Kontrolle über Verhaltensalternativen, Arbeitsgeschwindigkeit, Materialien und zwischenmenschliche Beziehungen variieren. Lernende zeigen in lernerkontrollierten Umgebungen mehr Engagement als in lehrerkontrollierten.

Befunden der Motivationspsychologie zufolge beeinflusst ein hohes Maß an Lehrerkontrolle die Selbsteinschätzung der eigenen Kompetenz negativ. Materielle Belohnungen, Bewertungen und aufgezwungene Ziele werden als eher kontrollierend erlebt und zerstören Kompetenzeinschätzungen und intrinsische Motivation. Das Angebot von Wahlmöglichkeiten und die Äußerung anerkennender Gefühle werden dagegen meist als autonomiefördernd wahrgenommen und steigern die intrinsische Motivation sowie die Erwartung, ein Handlungsergebnis kontrollieren zu können (vgl. DECI/RYAN 1993). Dies gilt verstärkt, wenn sich Lehrende enthusiastisch und interessiert geben und die Bedeutung und den Wert des Lernmaterials betonen (vgl. BROMME 1997). Die gegenteilige Wirkung wird hervorgerufen, wenn Lehrpersonen wenig Möglichkeiten bereitstellen das Geschehen zu steuern und Verantwortung für das Lernen zu übernehmen. In solchen Fällen sehen Lernende ihr Tun von außen kontrolliert und sind eher extrinsisch motiviert (vgl. RYAN/CONNELL/GROLNICK 1992). Schließlich können auch die Anreize, die der Lehrer anbietet, das Lernverhalten beeinflussen. Die häufige Verwendung von Noten, zeitlichen Zwängen und Konkurrenzsituationen untergräbt die Kontrolle und das Interesse der Lernenden.

4 Implikationen für die Förderung selbstgesteuerten Lernens

Die bislang dargestellten Bedingungen selbstgesteuerten Lernens bilden die Ansatzpunkte zur Unterstützung solcher Lernformen. Besondere Bedeutung erlangen Konzepte und Modelle der Kognitionspsychologie, die die oben genannten Kernelemente miteinander verknüpfen.

4.1 Kognitionspsychologische Überlegungen

Kognitive Lerntheorien betonen die Bedeutung konstruktiver mentaler Aktivitäten. Sie entwerfen das Bild des aktiven Lerners, dessen Lernaktivitäten von Vorgängen des sukzessiven Entwerfens und Entscheidens begleitet und reguliert wird (vgl. LAHTINEN/LONKA/LINDBLOM-YLÄNNE 1997, S. 14). *Abbildung 4* versucht diese Position zu veranschaulichen. Kernstück des präsentierten Variablengefüges sind personbezogene Prozesse und Strukturen, die bei jeder Form des Lernens im Mittelpunkt stehen. Bei der Förderung des selbstgesteuerten Lernens kommt ihnen insofern eine besondere Bedeutung zu, weil sie vom Lernenden selbst, d.h. weitgehend unabhängig von externen Hilfen und Anregungen ausgeführt werden müssen.

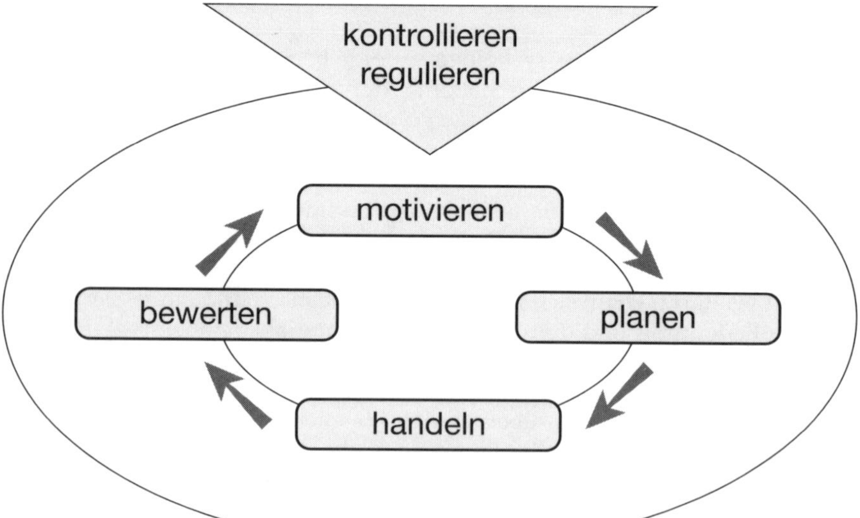

Abb. 4: Handlungsmodell selbstgesteuerten Lernens

In diesem Modell setzt sich jede Lern-Handlung aus vier Teilepisoden zusammen: Aus einer motivationalen vorbereitenden Phase, einer Phase des Planens und Entscheidens, einer aktionalen Phase und einer motivationalen Bewertungsphase. Es versteht sich von selbst, dass die gewählte Aufteilung des Handlungsablaufes die Realität nur unzureichend widerspiegelt. Die einzelnen Komponenten sind auf vielfältige Weise miteinander verwoben und müssen nicht notwendigerweise in der dargestellten Reihenfolge operieren.

Auf der Grundlage kognitionspsychologischer Überlegungen sind für das selbstgesteuerte Lernen fünf Funktionsbereiche entscheidend (vgl. SIMONS 1992, 1993; MANDL/REINMANN-ROTHMEIER 1995):

1. *Das eigene Lernen vorbereiten können.*
Die selbstgesteuerte Vorbereitung auf das Lernen umfasst eine angemessene Zielorientierung (»Was will ich erreichen?«) und Planung des Vorgehens (»Wie kann ich mein Ziel erreichen?«) sowie die Selbstmotivierung (»Was interessiert mich persönlich?«). Idealerweise sind Ziele nicht durch äußere Vorgaben oder Anreize fremdbestimmt, sondern entsprechend individueller Interessen und Bedürfnisse vom Lernenden selbst bestimmt. Selbstgesteuertes Lernen zeichnet sich daher durch intrinsische Motivation oder durch eine Zielsetzung aus, die von den Lernenden als interessant und motivierend eingeschätzt wird (vgl. DECI/RYAN 1993).

2. *Die notwendigen Lernschritte ausführen.*
Hier kommt es vor allem auf den Einsatz angemessener Lernaktivitäten und -strategien an. Ein selbstgesteuert Lernender ist in der Lage – in Abhängigkeit von Zielen und Aufgabenanforderungen – schnell zwischen verschiedenen Lernaktivitäten (z. B. Wiederholen, Analysieren, Strukturieren, Auswählen und Kritisieren) zu wechseln. Wichtig ist, dass solche Strategien nicht starr, sondern bewusst und kontrolliert ausgewählt, verwirklicht und angepasst werden.

3. *Lernen selbst regulieren.*
Im Lernvollzug umfasst Selbststeuerung Prozesse des Überwachens, Testens, Hinterfragens, Revidierens und Bewertens (s. *Abschnitt 3.1.3*). Überwachung bezieht sich auf die kontinuierliche Beobachtung und Interpretation des Lerngeschehens im Licht der anvisierten Ziele. Testen hat damit zu tun, dass der Lernende überprüft, ob er noch auf dem Weg der Zielerreichung ist. Mechanismen der Revision und Regulation werden vor allem unserem Bewusstsein zugänglich, wenn Probleme oder Blockaden auftauchen. Dann ist es an der Zeit über andere Strategien nachzudenken oder mögliche Ursachen zu analysieren. Eine weitere Aufgabe der Lernregulation

besteht darin, das Lernvorhaben mit anderen Aufgaben und Verpflichtungen in Einklang zu bringen und das Lernen gegen Störungen abzugrenzen (vgl. FRIEDRICH / MANDL 1990).

4. *Sich selbst Feedback geben.*
Der selbstgesteuert Lernende ist in der Lage seine Leistungen selbst zu beurteilen. Bei der Evaluation überprüft und bewertet er den erreichten Zustand (Ergebnis) und verschafft sich Klarheit darüber, was noch verändert werden muss. Die Fähigkeit zur Selbstbewertung schließt ergänzende Rückmeldungen vonseiten äußerer Instanzen aber nicht aus. Im Gegenteil: Für jeden Lernenden ist es anzustreben, Gelegenheiten der Rückmeldung (z. B. Gespräche mit dem Lehrer) optimal zu nutzen.

5. *Konzentration und Motivation aufrechterhalten.*
Der Lernende kann sich selbst motivieren, indem er auf die Lernziele und ihre Bedeutung zurückblickt oder indem er an zukünftige Belohnungen denkt. Konzentrations-Management bezieht sich auf die Einhaltung und Gestaltung von Pausen sowie auf die Vermeidung interner oder externer Störungen (z. B. Konflikte oder Lärm).

Die genannten personinternen Variablen sind die Ansatzpunkte für Interventionen aus der Lernumwelt. Eine herausragende Rolle dürfte dabei der Lehrperson zukommen.

4.2 Die neue Rolle der Lehrenden

»Die Veränderung des Unterrichts in Richtung auf mehr Selbstverantwortung und Mitbestimmung durch Schülerinnen und Schüler schließt eine Veränderung der Lehrer / innenrolle ein.« (SCHULZE 1993, S. 24). Die Rolle als Belehrer muss durch die Lehrenden weitgehend aufgegeben werden. Sie sollten sich eher als Unterstützer und Förderer der durch Lernende selbstbestimmten Lernprozesse begreifen.

Der Lehrer hält nicht mehr alle Fäden in der Hand, er muss loslassen können und die Lernenden an seinen Überlegungen zu selbstgesteuerten Lernprozessen beteiligen. Er muss sich selbst aus dem Mittelpunkt des Unterrichts herausnehmen können. Hilfreich hierfür sind ganzheitliche Lernmethoden und eine personzentrierte Haltung, die mit Respekt, Einfühlungsvermögen und Echtheit auf andere Personen eingeht und ihnen Freiheit für persönliches Wachsen lässt. Untrennbar damit verbunden ist eine Menschenbildannahme, die den Menschen als ein sich selbst verwirklichendes Wesen sehen kann, das Hilfe braucht, aber keinen Dompteur. Lernende, ganz gleich ob

Schülerinnen und Schüler oder Studentinnen und Studenten, müssen in ihrer Eigenart angenommen werden. Der Respekt vor der Persönlichkeit ist hier zentral um andere Personen in ihrer Freiheit ernst zu nehmen und ihnen das notwendige Vertrauen entgegenbringen zu können.

Nach wie vor hat der Lehrende eine zentrale Rolle im Unterrichtsgeschehen, allerdings hat sich diese gegenüber dem herkömmlichen Unterricht verändert:

- Die Lehrperson muss auf eine starke Steuerung des Unterrichts verzichten und den Lernenden mehr Handlungsspielräume und Eigeninitiative einräumen. Seine Rolle verlagert sich auf die Beratung, Anregung und Unterstützung bei Schwierigkeiten. Diese Rolle verlangt ein hohes Maß an Kompetenz, da er sich zurückhaltend, abwartend und zugleich helfend, initiierend verhalten soll.
- Die Lehrkraft sollte die Lernenden ernst nehmen, ihnen Akzeptanz, Empathie und Toleranz entgegenbringen, was sich im Unterricht durch das Schaffen von Freiräumen und im Verzicht auf starke Lenkung und Gängelung zeigt. Der Lehrende ist verantwortlich für eine Lernumwelt, in der die Lernenden zunehmend ihre Lernprozesse selbstverantwortlich in die Hand nehmen können.
- Bei der Durchführung selbstgesteuerter Lernformen besteht die Aufgabe des Lehrers vornehmlich in indirekten, individuell erzieherischen Maßnahmen. Vor allem hat er die individuelle Entwicklung der Lernenden zu beobachten und muss ihnen bei Bedarf Hilfestellungen geben.

Hierzu gehört,

- Material für eine sinnvolle Beschäftigung anzubieten
- motivierend zu wirken
- selbst passiv zu werden, damit der Schüler aktiv werden kann
- den Lernfortschritt durch Registrierung und Kontrolle der erledigten Aufgaben zu überwachen
- die Gruppenaufgaben zu beobachten und bei der Lösung von Schwierigkeiten behilflich zu sein.

Die Arbeit des Lehrenden verlagert sich zunehmend aus dem Unterricht heraus in die Vorbereitungsphase. Dort muss sich die Lehrperson genau überlegen, wie selbstgesteuerte Lernprozesse initiiert werden können, welche Bildungswerte der Lernende durch die von ihm geforderte Arbeit gewinnen kann und welche Arbeitsweise diesen Anliegen dienlich ist. Im Unterricht selbst übernehmen Lehrende zunehmend die Rolle von Beobachtern und Beratern. Solche Aktivitäten schaffen den Rahmen, um selbstgesteuerte Lernprozesse in Gang setzen zu können, die dann zur Selbsttätigkeit und zur Entwicklung der Persönlichkeit führen.

Um die skizzierten Impulse geben zu können, muss sich die Lehrperson selbst auf offene Lernprozesse einlassen, bevor sie es mit Lernenden praktizieren kann. Alle Ansprüche, die an Lernende bei selbstgesteuerten Lernprozessen gestellt werden, muss die Lehrkraft zunächst einmal auf sich beziehen; sie sollte selbst in dieser Weise arbeiten. Nur dann können neue Lehr-Lernformen auch den Studierenden bzw. Schülerinnen und Schülern zugemutet werden.

4.3 Die Gestaltung der Lernumgebung in der Schule

Unter Lernumgebung wird hier das Arrangement der äußeren Lernbedingungen (Personen und Institutionen, Geräte und Objekte usw.) und Instruktionsmaßnahmen (Lernaufgaben, Sequenz der Lernschritte, Methoden u. a.) verstanden, die Lernen ermöglichen und erleichtern (vgl. FRIEDRICH / MANDL 1997).

Wie aus den Ausführungen in *Abschnitt 3.2.1* bereits hervorgeht, spielen Überlegungen zur Gestaltung der Lernumgebung eine zentrale Rolle. In ihr muss selbstgesteuertes Lernen erst ermöglicht werden. Einmal, indem vorhandene Freiräume gesehen und genutzt werden, zum anderen indem notwendige Lernvoraussetzungen für selbstgesteuertes Lernen geschaffen werden. Deshalb werden in diesem Abschnitt die Situationsbedingungen und -voraussetzungen, die für die Entwicklung selbstgesteuerter Lernprozesse wichtig sind, dargestellt. Der Fokus liegt dabei auf der Lernumgebung und -situation des Lernumfeldes Schule. Viele der hier gemachten Äußerungen können aber auch auf die Hochschule übertragen werden.

Im Lernumfeld Schule gibt es allgemeine Bedingungen, die für alle Schulen gleichermaßen gelten und die dahingehend überprüft werden müssen, ob sie selbstgesteuerte Lernprozesse überhaupt zulassen können. Zunächst sind die Bildungspläne der entsprechenden Schularten in Augenschein zu nehmen. Die seit 1994 geltenden Bildungspläne Baden-Württembergs z. B. fordern und fördern eine methodische Vielfalt im Unterricht. Handlungsorientierte Lernsituationen werden ebenso für wichtig und notwendig erachtet wie darbietende Unterrichtsverfahren. Besonderer Wert wird auf Arbeitsweisen gelegt, die die sogenannten Schlüsselqualifikationen wie Kooperationsbereitschaft, Teamfähigkeit, Verantwortungsbewusstsein und Selbstständigkeit fördern. Als mögliche Unterrichtsformen, die diese Schlüsselqualifikationen unterstützen, werden Gruppenarbeit, freie Arbeit und auch Projektunterricht genannt (MINISTERIUM FÜR KULTUS UND SPORT, Bildungspläne: jeweils die pädagogischen Leitgedanken und Aufgaben und Ziele der entsprechenden Schulart).

Selbstgesteuerte Lernprozesse werden von den Schulträgern also nicht nur geduldet oder genehmigt, sondern als fester Bestandteil des Erziehungs- und Bildungsauftrags bewertet. Es liegt auf der Hand, dass derart gestaltete institutionelle Vorgaben die Initiierung selbstgesteuerter Lernprozesse erleichtern. Dennoch sind Probleme unausweichlich, wenn wie im Beispiel der baden-württembergischen Bildungspläne nirgends vermerkt ist, was denn nun unter Formen des selbstgesteuerten oder des selbstständigen Lernens zu verstehen ist und wie diese in die Schulpraxis umgesetzt werden können. Hier würden sich Lehrerfortbildungen und schulinterne Konferenzen anbieten, sodass die Lehrenden Hilfestellung bei der Umsetzung erhalten und sich dabei auch nicht allein gelassen fühlen.

Weitere Probleme bei der Umsetzung von Bildungsplänen beruhen auf äußeren Rahmenbedingungen:

- der immer wieder nach oben geschraubte Klassenteiler, wodurch die Klassen zunehmend größer werden
- die ständige Mehrbelastung der Lehrenden
- die Stagnation der Lehrerkollegien, verursacht durch die Nichteinstellung junger Kollegen, die wieder frischen Wind durch neue Methoden und Ansätze in die Kollegien bringen würden usw.

Solange diese Bedingungen nicht verändert werden, wird es schwer sein, die anfangs genannten Forderungen der Bildungspläne, die selbstgesteuerte Lernprozesse im Prinzip ermutigen, tatsächlich zu erfüllen. Hier muss nach Mitteln und Wegen gesucht werden, die selbstgesteuertes Lernen leichter ermöglichen. Bildungspläne dieser Art schaffen dafür sicher eine erste Grundlage, machen aber auch deutlich, dass in der Schule selbstgesteuertes Lernen nur ein Konzept neben anderen darstellen kann. Für die Erfüllung des Bildungs- und Erziehungsauftrags sind Konzepte, die angeleitetes Lernen initiieren, ebenso wichtig und notwendig.

Daneben spielen auch die schulinternen Bedingungen eine wichtige Rolle. Sämtliche Innovationen – also auch selbstgesteuertes Lernen – erfordern die Kooperationsbereitschaft der Schulleitung und des Kollegiums. Da sich selbstgesteuertes Lernen auf den gesamten Lernprozess einer Klasse, mithin auch auf alle Fächer und Unterrichtssituationen auswirkt, sind alle in einer Klasse Tätigen von einer solchen Innovation betroffen. Werden neue Ideen ignoriert oder stoßen sie sogar auf Widerstände im Kollegium, dürfte selbstgesteuertes Lernen kaum zu realisieren sein. Deshalb muss vor Beginn der Umsetzung selbstgesteuerter Lernprozesse die Schulleitung und das Kollegium informiert werden. Vielfach wird hier Überzeugungsarbeit zu leisten sein. In jedem Fall ist es aber notwendig, dass die beteiligten Personen eine Veränderung in der beschriebenen Richtung tolerieren.

Für die Durchführung selbstgesteuerter Lernprozesse sind auch stundenplantechnische Überlegungen wichtig. Das Erreichen der didaktischen Prinzipien, die hinter dem Konzept selbstgesteuerten Lernens stehen, erfordert besondere unterrichtliche Verwirklichungsformen. Hierzu zählen z. B. Freiarbeit und Projektunterricht. Bei beiden Formen ist es wichtig, den 45-Minuten-Takt und die Fächergrenzen aufzuheben, sodass die Selbststeuerung nicht durch Klingelzeichen oder bestimmte Fachvorgaben beeinträchtigt wird. Es scheint ratsam, für den Zeitraum dieser Unterrichtsformen den normalen Stundenplan außer Kraft zu setzen. Für die Freiarbeit bedeutet dies, dass einige Stunden in der Woche nicht mehr für die ursprünglich dafür vorgesehenen Fächer verwendet werden, sondern dass in dieser Zeit Freiarbeit quasi als Unterrichtsfach bzw. -form im Stundenplan auftaucht. Eine ähnliche Vorgehensweise ist auch für Projektarbeit zu empfehlen. Hier besteht aber auch die Möglichkeit, den Stundenplan für einen ganzen Tag, einige Tage oder sogar eine Woche außer Kraft zu setzen und in dieser Zeit in Projekten zu arbeiten.

Ein weiterer Gesichtspunkt bei der Einführung selbstgesteuerter Lernprozesse ist die unmittelbare Lernumgebung, also das Klassenzimmer oder die vorhandenen Lernräume. Auch hier können wieder die Verwirklichungsformen Freiarbeit und Projektunterricht als Maßstab herangezogen werden. Um Selbststeuerung und Selbstständigkeit in der Schule zu ermöglichen, muss auch die Lernumgebung auf diese Prinzipien abgestimmt werden. Dazu gehört vor allem eine größere Offenheit hinsichtlich der Raum-, Material- und Mediennutzung. Diese Bereiche müssen den Lernenden uneingeschränkt zur Verfügung stehen, wenn sie ihr Lernen selbst steuern sollen. Beispielsweise müssen sie selbst entscheiden können, ob sie für ihr Lernen einen Computer oder einen Fachraum benötigen. Solche berechtigten Anliegen stoßen unweigerlich an Grenzen. So sind Computerräume meist teuer eingerichtete Fachräume, die auch nur unter fachlicher Anleitung benutzt werden sollten. Gleiches gilt für den Physik- oder Chemieraum. Sicherheitsgründe verlangen es, dass der entsprechende Fachlehrer anwesend ist. Diese Einwände sind sicher berechtigt und machen das Suchen nach Kompromissen notwendig. Im hier präsentierten Beispiel könnten etwa bestimmte Zeiten eingerichtet werden, in denen die Fachräume von Fachlehrern besetzt sind, sodass die Lernenden ihren persönlichen Wünschen nachkommen können.

4.4 Selbstgesteuertes Lernen als Weg und Ziel des Unterrichts

Um selbstgesteuertes Lernen in der Unterrichtspraxis zu initiieren, müssen adäquate Methoden eingesetzt und praktiziert werden. Betrachtet man die dafür in Frage kommenden Methoden wie Freiarbeit, Projektunterricht usw., so müssen diese Konzepte eingeordnet werden können. ADL-AMINI (1994 S. 56 ff.) schlägt zu diesem Zweck ein Drei-Ebenen-Modell vor (s. *Abbildung 5*).

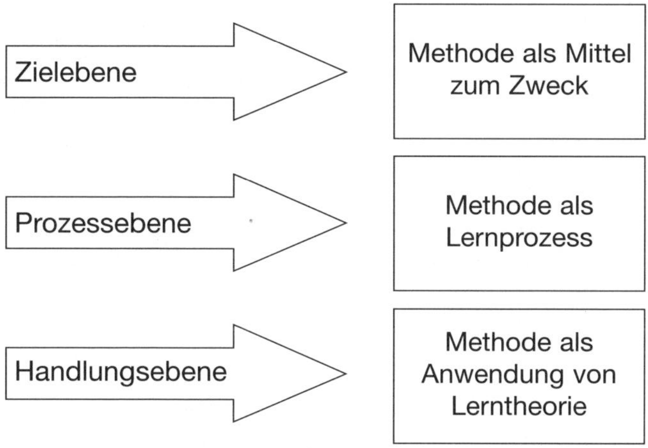

Abb. 5: Drei-Ebenen-Modell nach ADL-AMINI

Auf der ersten Ebene, der sogenannten *Zielebene,* dient die Methode als Mittel zum Zweck. Die verwendeten Unterrichtsmethoden sind relevant in bezug auf die Ziele bzw. die Inhalte des Unterrichts. Die Unterrichtsmethode ist nicht Thema und wird auch nicht problematisiert. Die Methode hat nur die Aufgabe, einen Sachverhalt adäquat zu vermitteln und wird damit zum Träger eines Inhalts.

Die zweite Ebene stellt die *Prozessebene* dar, auf der die Methode selbst als Lernprozess fungiert, der Lernweg wird zum Thema. Zielsetzung und Inhalt sind prozesshaft und offen, weil sie nicht inhaltlich-kognitiver, sondern methodisch-problemlösender Art sind. Das »Lernen lernen« steht im Vordergrund dieser Ebene.

Die dritte Ebene wird als *Handlungsebene* verstanden. Ziel dieser Ebene ist es allgemeine Lerngesetze als Voraussetzung für die Entwicklung von Lehrmustern zu erforschen. Hier werden die Lehrmethoden vor dem Hintergrund einer Lerntheorie, der allgemeinen Methodik verstanden (vgl. ADL-AMINI 1994).

Versucht man selbstgesteuerte Lernformen in diese Taxonomie einzuordnen, so entsprechen sie am ehesten der zweiten Ebene. Es werden bewusst selbstgesteuerte Lernprozesse in Gang gesetzt, um damit selbstgesteuertes Lernen zu erreichen. Die Selbstorganisation durch die Lernenden wird zum Ziel des Unterrichts. Die Lernenden erleben bewusst, wie sie lernen und mit welcher Methode welche Lernziele sinnvoll erreicht werden können. Sie lernen, über Methoden zu reflektieren, ihr Problembewusstsein erhöht sich und Lernen findet auf einer höheren Abstraktionsstufe statt. Die Lernenden erwerben methodische Fertigkeiten zur selbstständigen Aneignung neuer Kompetenzen. Um mit solchen Unterrichtsmethoden umgehen zu können, müssen die Lernenden langsam in selbstorganisierte Lernprozesse hineinwachsen, sodass die Selbststeuerung zunehmend verwirklicht und den Lernenden immer mehr Verantwortung für ihre Lernprozesse übertragen werden kann.

Selbstgesteuertes Lernen ist in der skizzierten Perspektive nicht nur Ziel des Unterrichts. Lernformen, die selbstgesteuerte Prozesse in Gang setzen, stellen gleichzeitig auch den Weg für eine größere Selbststeuerung des eigenen Lernens dar. Die Lernenden müssen Schritt für Schritt an die Selbstorganisation des Lernens herangeführt werden. Dies kann durch Lernmethoden geschehen, die langsam auf Selbststeuerung vorbereiten und so den Weg von eher angeleitetem zu mehr selbstorganisiertem Lernen ebnen. In Abschnitt 5.5 wird dieser Vorschlag anhand erprobter psychologischer Modelle weiter präzisiert.

Notwendige Kompetenzen, Lernmethoden und Wegbereiter für die Initiierung selbstgesteuerten Lernens werden im nächsten Kapitel beschrieben. Die entsprechenden Ausführungen werden eher verständlich, wenn man sich vor Augen hält, dass selbstgesteuertes Lernen sowohl ein Ziel von Unterricht darstellt als auch den Weg zu diesem Ziel beschreibt.

4.5 Grundsätze der Förderung selbstgesteuerten Lernens

Die Grundsätze, die im Rahmen von Lehr-/Lernsituationen beachtet werden müssen, wenn selbstgesteuertes Lernen erfolgreich sein soll, können in ihrem Kern folgendermaßen resümiert werden:

1. Selbstgesteuertes Lernen tritt nicht automatisch durch die Reduktion fremdgesteuerten Lernens ein.

2. Selbstgesteuertes Lernen bedarf sorgfältiger Anleitung und Begleitung. Die Lehrkraft muss den Lernenden Schritt für Schritt und häufig über einen längeren Zeitraum an das selbstgesteuerte Lernen heranführen.

3. Selbstgesteuertes Lernen setzt ein großes Strukturwissen und sprachliche Kompetenz bei den Lernenden voraus.

4. Selbstgesteuertes Lernen setzt bei den Lehrpersonen Kompetenzen hinsichtlich des Erkennens von Lernbedarf, des Planens von Lernschritten, der Ausführung dieser Lernschritte und der Einschätzung von Lernfortschritten voraus.

5. Selbstgesteuertes Lernen hat nur dann positive Effekte, wenn die Metakognition der Lernenden verbessert und dies durch einen Wandel der Rolle der Lehrperson zum Beobachter und Berater unterstützt wird.

6. Selbstgesteuertes Lernen darf mit Rücksicht auf schwächere Schüler nicht die einzige Lehrform sein. In Abhängigkeit von der Person des Lernenden, den Lerninhalten und Lehr-/Lernzielen ist die Verknüpfung von Phasen des selbstgesteuerten und des fremdgesteuerten Lernens ratsam.

Wenn diesen Grundsätzen der Anspruch zugebilligt wird, Grundlage zur Gestaltung effektiver selbstgesteuerter Lehr-/Lernarrangements zu sein, dann lassen sich auf dem Hintergrund dieser Prämissen – insbesondere der Grundsätze 4 und 5 – die Wege zum selbstgesteuertem Lernen weiter präzisieren.

5 Wege zum selbstgesteuerten Lernen

Will man grundlegende Techniken zur Förderung der Selbststeuerung sinnvoll und einigermaßen systematisch darstellen, kann dies nicht losgelöst von bereits bekannten Instruktionsmethoden geschehen. Bei der Darstellung der wichtigsten Verfahren der Instruktion trifft man allerdings auf eine nicht unerhebliche Schwierigkeit. Es steht nämlich längst nicht fest, in welcher Weise und auf welchem Abstraktionsniveau Instruktionsmethoden sinnvoll zu charakterisieren und zu klassifizieren sind, weil die konkrete »instruktionale Gestalt« von den Lerninhalten, vom Lernenden und vom Lernverlauf abhängt. Für die Ziele des vorliegenden Kapitels bietet es sich an, relativ globale didaktische Strategien zu unterscheiden, psychologisch zu erläutern und mit Techniken zum selbstgesteuerten Lernen in Beziehung zu setzen (vgl. WEINERT 1996). Charakterisiert werden verschiedene Typen komplexer Instruktionsstrategien, in die jeweils sehr verschiedene selbststeuerungsfördernde didaktische Handlungen, Maßnahmen und Methoden eingebettet sein können. Die Darstellung akzentuiert

- Direkte Instruktion
- Adaptive Instruktion
- Kooperatives Lernen und
- Selbstständiges Lernen.

Die Wahl der Reihenfolge soll die Einsicht widerspiegeln, dass selbstgesteuertes und selbstkontrolliertes Lernen in der Regel einer intensiven, didaktisch geschickten Einführung und Einübung bedarf (vgl. THOMAS/ROHWER 1993). Zur Vorbereitung der zunehmenden Selbstständigkeit und Eigeninitiative empfiehlt sich eine abgestufte Vorgehensweise (vgl. BÖNSCH 1995; KRIEGER 1994), an deren Beginn zumeist die direkte Instruktion überwiegt. Ansätze, die die genannten Instruktionsmethoden integrieren, werden am Ende dieses Kapitels dargestellt.

5.1 Direkte Instruktion

Unter direkter Instruktion versteht man eine weitgehend externale Steuerung des Lerngeschehens, sei es durch einen Lehrer, den Trainer oder durch ein Computerprogramm (vgl. WEINERT 1996). Direkte Instruktion ist in der empirischen Unterrichtsforschung wie in der Trainingswissenschaft gleichermaßen gut untersucht und wird in der Regel als effektiv bewertet – vor allem wenn es darum geht, hohe Durchschnittsleistungen mit geringen interindividuellen Varianzen zu erzielen (vgl. HELMKE/WEINERT 1997). Was sind die Merkmale dieser Form des Unterrichts (vgl. MEYER/MEYER 1997)?

- Er ist in der Regel thematisch orientiert
- die Thematik wird meist sprachlich hergestellt
- die Lehrperson übernimmt die wesentlichen Steuerungs- und Kontrollleistungen
- es besteht ein Macht- und Kompetenzgefälle zwischen Lehrenden und Lernenden
- der Instrukteur legt (angemessene) Lehrziele fest
- er zerlegt den Unterrichtsstoff in überschaubare Lerneinheiten
- er vermittelt oder generiert (z. B. durch eine fragend-entwickelnde Dialogform) das notwendige Wissen
- er stellt Fragen oder Probleme unterschiedlicher Schwierigkeit
- er sorgt für Übungsmöglichkeiten
- er kontrolliert die individuellen Lernfortschritte und
- hilft bei der Überwindung von Schwierigkeiten.

Entgegen der relativ zahlreichen pauschalierenden kritischen Beurteilungen und abwertenden Diffamierungen dieser Methode handelt es sich bei dem wissenschaftlich konzeptualisierten Verfahren der direkten Instruktion keineswegs um Frontalunterricht im klassischen Sinne, der den Lehrenden zum alleinigen Akteur und die Lernenden zu passiven und mechanisch sich verhaltenden Rezipienten macht. Im Gegenteil: es kann sich um eine sehr anspruchsvolle Instruktionsform handeln, unter deren psychologischen Ein- und Auswirkungen sowohl Lehrer wie Schüler aktiv und konstruktiv arbeiten sollen, wobei die Expertise des einen genutzt wird, um möglichst maximale Lern- und Leistungsfortschritte bei den anderen zu gewährleisten (vgl. WEINERT 1996).

So gesehen, ist der Widerspruch zur hier vertretenen Forderung nach aktivem, von Instruktionen und Instrukteuren möglichst unabhängigem Lernen nur scheinbar. Er lässt sich entschärfen wenn man bedenkt, dass die direkte Instruktion im Idealfall nicht darauf angelegt ist Wissen unvermittelt in die Köpfe der Lernenden zu übertragen; es geht vielmehr darum Bedingungen zu schaffen, unter denen Lernende die Unterrichtszeit produktiv und sinnvoll nutzen können (vgl. WEINERT 1996). Entscheidend für die Lernwirksamkeit dieser Instruktionsmethode sind angemessene Lernzielvorgaben, eine Maximierung der aktiven Lernzeit, die Fokussierung der Schüleraktivitäten auf die Lerninhalte und Lernprozesse sowie die möglichen positiven Rückmeldungen aufgrund der wahrscheinlich gemachten Leistungsfortschritte.

Über die Notwendigkeit eines »gebundenen Unterrichts« zur Vermittlung grundlegender Kompetenzen der Selbststeuerung sind sich mittlerweile Theoretiker und Praktiker weitgehend einig (vgl. SIMONS 1992; KRIEGER 1994). Damit untrennbar verbunden ist die Forderung nach methodischer Kompetenz der Lernenden. Der Königsweg zur Vermittlung von Selbstständigkeit besteht auch im Frontalunterricht in der Ausweitung der Methodenkompetenz der Schüler oder Studenten. Sie müssen lernen, wie dieser Unterricht inszeniert wird; sie müssen die Inszenierungstechniken, die der Lehrer anwendet, selbst erlernen (vgl. MEYER / MEYER 1997) oder wie SIMONS (1992) es formuliert: Sie müssen lernen, ihr eigener Lehrer zu sein. Es sind vor allem die folgenden Fähigkeiten, die im gebundenen Unterricht eingeübt werden sollten, bevor mit dem selbst verantworteten Arbeiten begonnen werden kann (vgl. KRIEGER 1994, S. 34):

- Techniken der geistigen Auseinandersetzung
  - genaues Zuhören
  - Techniken der Gesprächsteilnahme
  - begleitende Notizen anfertigen
  - Beherrschung bestimmter Umgangsformen
- Darstellungstechniken
  - Aufnahme und Ausführung eines Protokolls
  - Vorbereitung und Vortrag eines Referats
  - Illustrieren von Sachverhalten (Skizzen, Diagramme, Tabellen)
- Techniken der Informationsbeschaffung und Sammlung
  - Arbeit mit Texten und Bildern
  - Arbeit mit Nachschlagewerken
  - Gebrauch von Arbeitsmitteln
  - Beherrschung technischer Geräte
- Techniken der Arbeitsplanung
  - Arbeitsplanung
  - richtige Zeiteinteilung.

Es bleibt festzuhalten, dass es auf dem Weg zur Selbststeuerung unter den Bedingungen der Lehre (z. B. in der Schule) vielfach sinnvoll und praktikabel ist, die Arbeit anfangs klar zu strukturieren und den Lernenden konkrete Ziele zu setzen. Grundsätzlich gilt: Nur Lerngruppen, die in der Lage sind sich im Klassenunterricht diszipliniert zu verhalten und über ein hohes Maß an Methodenkompetenz verfügen, können frei arbeiten (vgl. KRIEGER 1994). Die folgenden Abschnitte wollen Hilfen und Anregungen geben, in welcher Weise Formen der direkten Instruktion zur Unterstützung der Selbststeuerung beitragen können.

5.1.1 Prinzipien direkten Strategietrainings

Im Rahmen der kognitiven Trainingsforschung wurden in den letzen 20 Jahren verschiedene Trainingselemente und -methoden entwickelt, die sich unter dem Stichwort »direkte Instruktion« bzw. »direktes Training« zusammenfassen lassen. Die folgenden Kernelemente des direkten Strategietrainings zeichnen sich dadurch aus, dass dem Individuum die Prinzipien selbstgesteuerten Lernens explizit vermittelt werden (vgl. FRIEDRICH 1995, 1997).

- *Kognitives Modellieren*
  Motivationale und kognitive Lernstrategien sind für gewöhnlich nicht offen beobachtbar, sondern spielen sich im Kopf ab. Deshalb muss man sie zunächst explizit machen. Dies geschieht zumeist durch ein Modell, das handlungsbegleitend sein Denken und Handeln verbalisiert.
- *Informiertes Training*
  Es reicht nicht aus die jeweiligen Strategien nur zu üben, sondern die Lernenden müssen auch über Wirkungen, Vorzüge und Nachteile der jeweiligen Strategie und über Anwendungsbedingungen usw. informiert werden. Mit anderen Worten: Konditionales Aufgaben- und Strategiewissen (wie? wo? warum?) muss vermittelt werden.
- *Vermittlung von Kontroll- und Selbstreflexionsstrategien*
  Dies ist ein integraler Bestandteil des direkten Trainings von Lernstrategien. Beispielsweise werden den Lernenden Planungsstrategien, Strategien zur Verstehensüberwachung oder Techniken für die lernprozessbegleitende Verbalisierung vermittelt. Solche Selbstkontrolltechniken sind gerade für selbstgesteuertes Lernen wichtig, da hier häufig externe Kontroll- und Regulationsinstanzen fehlen.
- *Abstimmung der Strategien auf einen authentischen Nutzungs- bzw. Anwendungskontext*
  Hier geht es darum, den Lernenden den Problemlösewert der trainierten Lernstrategien deutlich zu machen und den Transfer in reale Anwendungskontexte zu fördern. Den Nutzen der trainierten Strategie erfahren die Lernenden am ehesten dann, wenn das Strategietraining in jenen Fachgebieten erfolgt, in denen die Strategien später angewendet werden sollen.
- *Üben unter variierten Aufgabenbedingungen*
  Dies soll dazu beitragen das internalisierte Modell in eine flexible Struktur zu überführen. Das neu gewonnene bzw. modifizierte Aufgaben- und Strategiewissen soll auch unter veränderten Aufgabenbedingungen zum Erfolg führen und damit den Transfer unterstützen.
- *Zunehmender Abbau anfänglicher externer Unterstützung*
  Zu Beginn einer Trainingsmaßnahme wird zumeist versucht, durch externe Hilfen (Auswahl einfacher Aufgaben, Coaching, Rückmeldung, Korrektur usw.) die kognitive Belastung der Lernenden gering zu halten. Mit zunehmendem Trainings- bzw. Lernfortschritt können diese Hilfen abgebaut werden. Die Verantwortung für den Lernprozess wird so mehr und mehr in die Hand der Lernenden übertragen.
- *Veränderung motivationaler Lernvoraussetzungen*
  Die Beeinflussung nicht des Könnens, sondern auch des Wollens erweist sich zunehmend als eine wichtige Voraussetzung für Aufrechterhaltung und Übertragung von Strategien. Um Lernende vom Nutzen der Strategi-

en zu überzeugen, müssen häufig zunächst geeignete motivationale Voraussetzungen in Form veränderter Attributionsmuster, Selbstwirksamkeitsüberzeugungen usw. geschaffen werden.

- *Lernen im sozialen Kontext*
  Gruppenlernen wirkt sich auf verschiedene Aspekte des Strategietrainings (z. B. allgemeine Motivation und Strategietransfer) günstig aus. Positive Effekte werden besonders von Kleingruppentrainings berichtet. Großgruppentrainings haben sich dagegen als weniger effektiv erwiesen.

Nicht jedes der skizzierten Prinzipien wird in jeder Trainingsuntersuchung zum selbstgesteuerten Lernen realisiert. Es gibt jedoch mittlerweile eine große Anzahl von Trainingsuntersuchungen, in denen kognitive Strategien des selbstgesteuerten Lernens auf der Grundlage der genannten Prinzipien des direkten Strategietrainings verändert wurden.

Es bleibt also festzuhalten, dass die Förderung und das Training von kognitiven und motivationalen Fertigkeiten in der aktuellen Erforschung des selbstgesteuerten Lernens von zentraler Bedeutung ist. Dessen ungeachtet steht die Forschung derzeit noch am Anfang. Offen sind insbesondere die folgenden Fragen:

- Welches ist die beste Strategie, wenn wir uns mit fremdartigen oder neuen Lernstoffen auseinandersetzen müssen?
- Welche Strategien stellen für unterschiedlich Lernende wirksame Hilfen dar?
- In welchem Maße bestimmen das Wissen des Lernenden, seine verbalen Fähigkeiten, seine fachlichen Kenntnisse, seine Motivation oder seine individuellen Charakteristiken die Effektivität einer Strategie?
- Wie können wir Lernende lehren sowohl die Situation als auch sich selbst zu diagnostizieren, um eine effektive Strategie-Wahl zu treffen?

5.1.2 Effektiv Informieren: Vom Problem zum Ziel

Im pädagogischen Kontext sind neben den skizzierten Strategien Verhaltensweisen erforderlich, die das effektive Informieren zum Ziel haben. Entsprechende Hinweise und Hilfen erscheinen um so dringlicher, als der Lehrervortrag bei Schülern und Studenten eher unbeliebt ist. Dies ist vermutlich darauf zurückzuführen, dass viele Lehrer und Dozenten fließende Übergänge vom Vortrag zum gelenkten Unterrichtsgespräch praktizieren, um so die Aufmerksamkeit der Zuhörer zu sichern und um zu kontrollieren, ob das Gesagte auch »angekommen« ist. Wie MEYER und MEYER (1997, S. 35 f.) feststellen, ist dies ein ungeschicktes Vorgehen. Lehrervortrag und gelenktes Unterrichtsgespräch sollten nach Meinung der Autoren nicht miteinander kombiniert werden. »Stattdessen sollte man sich bemühen, den Vortrag als kleine Kunstform wiederzubeleben«. (MEYER/MEYER 1997, S. 35lf)

Als nachahmenswertes Beispiel kann hier der Bericht des Pädagogen Adolf DIESTERWEG (original, 1834, 1955) über die darstellend-entwickelnde Vortrags-Methodik SCHLEIERMACHERS herangezogen werden. Typisch für diese Methode ist die fortlaufende Formulierung von Fragen. Der gute Lehrer entwickelt vor den Augen der Zuhörer seine Problemstellung; er verwandelt sein Thema in Fragen und Antworten. DIESTERWEG schreibt über SCHLEIERMACHERS Vortragsmethode:

> »Es gibt keine Methode, die so den Geist erregt, als die, die er anwandte. Es war ein lebendiger Denkprozeß; der Prozeß des Denkens stand jedem, der vor *Schleiermacher* saß, in der lebendigsten, unmittelbarsten, ergreifendsten Anschauung vor Augen; man sah denken, man hörte denken, man fühlte es ... Seine Methode war die sokratische in ihrer zeitgemäßen Anwendung auf die Wissenschaften der Gegenwart in den Hörsälen der Universitäten des neunzehnten Jahrhunderts«. (DIESTERWEG original, 1834, 1955, S. 256; zit. nach MEYER/MEYER 1997, S. 36)

Zweifelsohne hängt der Erfolg der direkten Instruktion nicht zuletzt von den Fähigkeiten der Lehrenden ab. Der Lehrervortrag als eine Form lehrerzentrierter Unterweisung ist pädagogisch nur vertretbar, wenn es der Vortragende durch rhetorisches Geschick schafft , seine passiv bleibenden Zuhörer geistig und emotional zu aktivieren. Referat und Lehrervortrag müssen gut vor- und nachbereitet, in verständlicher Sprache abgefasst und klar gegliedert sein. Ob ein Lehrer durch die Vortragsmethode die Selbsttätigkeit seiner Schüler fördert, hängt von verschiedenen Kriterien ab. Der Vortrag

- besteht aus drei Teilen: Einleitung (Motivation, Begründung, Einbettung in den Zusammenhang), Hauptteil (Informationsvermittlung, Problementfaltung) und Schluss (Zusammenfassung/Ergebnis);
- sollte übersichtlich gegliedert und geordnet referiert werden;
- sollte in der Regel kurz und prägnant sein und Anfang und Ende haben;
- sollte lebendig und auch humorvoll vorgetragen werden;
- kann durch regelmäßigen Blickkontakt und das Reden mit Händen und Füßen die Informationsaufnahme der Zuhörer unterstützen;
- seine Funktion für den nächsten Unterrichtsschritt und das gesamte Themenfeld erläutern.

Damit das im Vortrag kompakt dargebotene Wissen nicht überfordert, bedarf die verbale Information der Unterstützung durch Formen der medialen Illustration. Optische Hilfen wie Schaubilder und Zeichnungen erleichtern ebenso wie Denkpausen und das Anknüpfen an bereits Bekanntes den Zuhörern das Verständnis. Aus Sicht des Referenten ist es zentral herauszufinden, welche Informationen unbedingt nötig sind, damit die Zuhörer die gewünschten Lernerfahrungen machen und intendierte Lernziele erreichen.

Natürlich sind die Anforderungen an den Lehrer bei der Entwicklung des Fachinhaltes von dem jeweiligen Inhalt, dem Lernstand, dem Jahrgang und dem Schultyp abhängig. Dennoch lassen sich einige allgemein gültige Befunde ausmachen: Lernerfolg hängt zusammen mit

- der Gliederung des Unterrichtsablaufes
- Übersichten zu Beginn der Stunde
- der zwischenzeitlichen Hervorhebung wichtiger Ergebnisse
- der abschließenden Zusammenfassung
- dem Herstellen von Zusammenhängen zwischen der laufenden und den vorauslaufenden Stunden (vgl. BROMME 1997; THANHOFFER et al. 1994).

Einige Beispiele sollen diese Befunde anhand verschiedener Methoden weiter verdeutlichen. *Übersicht 2* fasst diverse Hilfen zum Themeneinstieg zusammen.

Themen, Ziele, Programm vorstellen
Schüler und Lehrer können den Lernstoff der nächsten Zeit besser ins Auge fassen und ihr Interesse darauf richten, wenn das »Programm«, die »Ziele« oder »Themen« der nächsten Zeit auf einem Plakat (einer Folie, einer Mind Map) gut sichtbar und prägnant vorgestellt werden. Methodische Möglichkeiten sind: Info-Fenster, Mind-Mapping, 3 Symbole zum Thema (vgl. THANHOFFER et. al 1994).

Interesse/Neugierde-Punkte vergeben
Aus den vorgestellten Lernstoffbereichen oder Lehretappen wählt jeder Teilnehmer seine drei interessantesten aus und kennzeichnet dies mittels Farbpunkten (Klebepunkt, Ölkreide, OH-Stift). Diese Auswahl-Entscheidung schärft die Wahrnehmung und mobilisiert die Aufmerksamkeit und Lernenergien. Danach folgen Interpretation und Stellungnahme der Lehrperson und der Lerngruppe. Ebenfalls möglich ist eine mehrfache Punktabfrage: Jeder kann einen Interessenpunkt, einen Fragepunkt (»Darüber weiß ich nicht Bescheid«) und einen Kenntnispunkt (»Da kenne ich mich bereits aus«) vergeben.

Fragen sammeln
Nachdem das Unterrichtsthema bekanntgegeben und vorgestellt wurde, können alle Lernenden auf Kärtchen Fragen (erweiterbar mit Aussagen oder Kommentaren) sammeln. Diese werden (wie in der Moderationsmethode) geordnet und danach in Kleingruppen erst bearbeitet oder sogleich von Experten im Dialog beantwortet.

Übers. 2: Hilfen zum Themeneinstieg

Hatten die bislang genannten Impulse vorwiegend den Themeneinstieg im Blick, so geht es bei den folgenden überwiegend um die Themenbearbeitung.

Übersicht 3 resümiert Möglichkeiten, die das griffige Informieren erleichtern.

Info-Memory
Die Lehrperson bereitet einen großen Bogen Packpapier vor, auf dem für jedes Element des Unterrichtsthemas ein leeres Feld (eventuell mit einer spezifischen Form) frei bleibt. Im Lauf der Einleitung des Themas werden auf die leeren Felder farbige Überschriften der Stoffinhalte geklebt - in der Form, die den leeren Feldern entspricht. In der Verarbeitungsphase können die Farbfelder wieder abgenommen werden. Die Lernenden können das Puzzle in ihren Mitschriften mit entsprechenden Farben, Formen und Inhalten zeichnen. Die Zuordnung von Feldern und Inhalten kann in Partnergruppen überprüft und in der Klasse gesammelt werden.

Info-Mosaik (Netzwerk)
Die Schlüsselbegriffe werden auf vorbereitete Kärtchen geschrieben und an die Lerngruppen ausgeteilt. Jeder Gruppe kommt die Aufgabe zu, diese Kärtchen in einem sinnvollen Zusammenhang (schematisch) anzuordnen und diese Zusammenhänge laut den anderen Gruppen zu erklären. Zum Vergleich kann der Lehrer sein Schema (Experten-Struktur) präsentieren und auf den Schüler-Schemata die richtigen Positionierungen hervorheben. Im Dialog mit einem Experten werden die Schlüsselkärtchen erneut verwendet und auf Korrektheit überprüft.

Info-Fenster
Ausgangspunkt ist ein Stundenthema oder ein umfassendes Themenfeld. Eine Overhead-Folie wird in vier Fenster eingeteilt, die vier unterschiedlichen, visuellen Informationsqualitäten entsprechen:

1. *Digital:* Schriftliche Information, Sätze, Worte, eventuell hierarchisch mit Nummern geordnet.
2. *Schematisch:* Ein Schema der Inhalte oder des Unterrichtsablaufs mit Kästchen, Pfeilen, Kreisen usw. entwickeln.
3. *Metapher:* Ein Symbol, ein Gleichnis für ein Thema finden: »Es ist wie …«; zugleich soll das zur Metapher passende Bild gemalt werden.
4. *Dramatik, szenische Handlung:* Ein Comic-Bild zeichnen. Mit Köpfen/Strichmännchen und Sprechblasen, in die ein typischer Dialog/eine Dialogfolge zum Thema geschrieben wird.

Übers. 3: Möglichkeiten des effektiven Informierens

5.2 Adaptive Instruktion

Ein besonderes Problem des Lernens und Lehrens in heterogen zusammengesetzten Leistungsgruppen (z. B. Schulklassen) ist das Vorhandensein, der Umfang, die Stabilität und die Lernrelevanz vielfältiger Unterschiede zwischen den Lernenden (vgl. WEINERT 1996, S. 31). Das Konzept der adaptiven Instruktion ist der äußerst vielgestaltige Versuch, die didaktischen Hilfen so auf die kognitiven, motivationalen und affektiven Unterschiede zwischen den Lernenden abzustimmen, dass alle möglichst optimal davon profitieren und jeder einzelne bestmöglich gefördert wird (vgl. HELMKE / WEINERT 1997, S. 137).

Eine der intensivsten Versuche der praktischen Umsetzung dieses Vorschlags ist das ATI-Modell (Aptitude- / Attribute-Treatment-Interaction Modell). Der Ansatz geht davon aus, dass Wechselbeziehungen zwischen Persönlichkeitsmerkmalen von Schülern und der Beschaffenheit von Unterricht bestehen. Die ATI-Forschung, die gegenwärtig wieder stärker ins Blickfeld der Lehr-Lernforschung rückt, hat in der Vergangenheit eine Vielzahl oft inkonsistenter Befunde vorgelegt (vgl. MANDL / REINMANN-ROTHMEIER 1995; SCZESNY 1996; WEINERT 1996). Als stabil erweist sich jedoch, dass Lernende mit ungünstigen Lernvoraussetzungen in affektiver (Hilflosigkeit, Ängstlichkeit) und kognitiver (Vorwissen, Intelligenz) Hinsicht den größten Nutzen für den Lernerfolg aus lehrerzentriertem »informationsvermittelndem« Unterricht ziehen; Lernende mit günstigen Lernvoraussetzungen (Erfolgszuversicht, niedrige Ängstlichkeit, hohes Vorwissen, hohe Intelligenz) profitieren dagegen eher von offenen, wenig strukturierten Lernumgebungen mit Wahlmöglichkeiten (vgl. SCZESNY 1996).

Eine naheliegende Konsequenz dieser Befunde besteht in der Differenzierung des Unterrichts. Die Unterschiedlichkeit der Lernvoraussetzungen, -fähigkeiten und -stile der Lernenden darf nicht durch die Monokultur einer einzigen Methode nivelliert werden (vgl. WEINERT 1997). Die Konzepte der Differenzierung und der Selbststeuerung sind einander eng verwandt. In der Praxis ist eine klare Abgrenzung oft nicht möglich. Wie der Differenzierungsgedanke zielt die Selbststeuerung auf die Optimierung der Lernmöglichkeiten eines Lernenden (vgl. BÖNSCH 1995). Konsequent bedacht, macht es der individualisierende Gedanke des Prinzips Selbststeuerung notwendig, den Lernenden bei seinen Möglichkeiten abzuholen.

Um die erforderliche Differenzierung in die Wege zu leiten, ist das Instrument der Lerndiagnose eine entscheidende Hilfe.

5.2.1 Lerndiagnose

In der Frage der individuellen Lernvoraussetzungen kommt man nur weiter, wenn das Instrument der Lerndiagnose greift. Hier sind sowohl für die Arbeit in der Schule als auch in der Hochschule sicher immer noch erhebliche Defizite festzustellen. Dabei zeigt die tägliche Praxis, dass die Unterstützung individueller Selbststeuerungspotenziale »in individueller Sicht höchst komplex wird und über Gruppierungsmaßnahmen oder differenzierte Zeit-, Methoden- und Medienvariationen hinausgeht« (vgl. BÖNSCH 1995, S. 125).

Die Bausteine der *Übersicht 4* wollen Anregungen dazu geben, in welcher Weise eine Lernwegdiagnose unterstützt werden kann.

Blitzlicht
Das Blitzlicht eignet sich immer dann für den Unterricht, wenn der Lehr-/Lernprozess durch vermutete emotionale Blockaden stockt bzw. einen neuen Akzent erhalten müßte und Altes abgeschlossen werden soll. Ziel ist es, die individuellen Eindrücke und Befindlichkeiten öffentlich zu machen und damit Veränderungen einzuleiten.

Durchführung der Übung:
Ein Blitzlicht wird folgendermaßen realisiert: Alle Gruppenmitglieder äußern sich reihum zu einer Frage, die von der Leitung formuliert wird. Beispiele für Fragestellungen:

- Wie geht es mir jetzt?
- Was geht mir gerade durch den Kopf?
- Was hat dazu geführt, dass ich geschwiegen habe?
- Was würde ich jetzt gerne tun?
- Wie möchte ich weiterarbeiten?

Wichtig ist die Einhaltung bestimmter Regeln:

- die Äußerungen der Beteiligten sollten sehr kurz sein
- sie sollten sehr persönlich sein
- sie sollten aktuelle Empfindungen ausdrücken
- es darf nicht nachgefragt, nicht kommentiert und nicht kritisiert werden.

Übers. 4: Erfassen von Stimmungen

Meinungslinie
Der Lehrer lädt die Lernenden ein, ihre Einstellung zum aktuellen Unterrichtsthema in einer Meinungslinie darzustellen. »Wie sehr sind Sie über dieses Thema ... informiert« Hierzu werden im Raum (z. B. Klassenzimmer) ein Ausgangspunkt und ein Endpunkt markiert und mit Bedeutungen versehen: »sehr« versus »ganz wenig«. Die Teilnehmer können nun zum Thema Stellung nehmen, indem sie sich die passende Position suchen.

Bilder auswählen
Der Lehrer legt zur Einstimmung 6–12 Bilder auf, bzw. pinnt sie an die Wände. Die Lernenden gehen von Bild zu Bild und wählen durch Darstellen oder durch Vergeben von Farbpunkten zu den Bildern ihre Stimmung zum Thema oder zur Gruppensituation. Ihre Wahl können die Lernenden im Partner- oder Kleingruppengespräch einander mitteilen.

Mein Name mein Programm
Ich verbinde meinen Namen mit einem bestimmten Bereich meiner Fähigkeiten und Vorlieben des Unterrichtsgegenstandes oder Themas. Ich lenke meine Aufmerksamkeit auf das, was da ist und was ich an mir schätze und anerkenne. Mit dieser Methode kann ich zu ganz unterschiedlichen Themen einen persönlichen und momentanen, also aktuellen Bezug herstellen: »Michael und sein Lernen«; »Eva und ihr Leben als Studentin«.

Übers. 4 (Fortsetzung): Erfassen von Stimmungen

Ebenfalls hilfreich für den adaptiven Unterricht sind Methoden zur Beobachtung und Bewertung des Lerngeschehens. Vielfach bewährt haben sich die in *Übersicht 5* dargestellten Übungen.

Kursbuch (vgl. GEISSLER, 1995, S. 127)
Im Buch gibt es eine Seite vorab, auf der etwas über den Sinn des Kursbuches und dessen Handhabung steht. Für die einzelnen Sitzungen sind je drei Blätter vorgesehen:

- Wie ist es mir heute ergangen?
- Was habe ich heute erfahren/gelernt?
- Was möchte ich noch klären, was ist mir unklar geworden/geblieben?

Auf drei Seiten können weitere wichtige strukturierende Anregungen gesammelt werden, z. B. eine Ideenseite, eine Problemseite, eine Absichtsseite (was will ich nach der Veranstaltung ändern?).

Mein Bild von der Lerngruppe
Bilder zu Dschungel/Nest/Getriebe/Fabrik/Mobile/Seilschaft. Dazu eine Szene entwickeln. Nach einer Vorbereitungszeit einander vorspielen. Alle Zuschauer geben Feedback: »Was sehe ich …« während die darstellende Gruppe in einem typischen Schluss-/Standbild verharrt.

Beispiele
- meine Einstellung zum Unterrichtsthema
- mein Bild vom Unterrichtsfach
- mein Bild von Erfolg

Übers. 5: Beobachtung und Bewertung des Lerngeschehens

5.2.2 Differenzierung im Unterricht

Das Erkunden von Stimmungen und Meinungen kann nur ein erster Schritt hin zum adaptiven Unterricht sein. Um den Besonderheiten der einzelnen Lernenden Rechnung zu tragen, muss auch die Durchführung des Unterrichts entsprechend organisiert sein. Hilfreich hierfür sind Methoden, die die Differenzierung der Lerngruppe gestatten.

Die Methoden aus *Übersicht 6* verdienen hier besondere Beachtung:

4–6 Ecken, Didaktische Weiche (THANHOFFER et. al 1994, S. 96)
Zu einem Thema werden drei bis acht gleichwertige Alternativen / Aufgaben formuliert und für jeden sichtbar befestigt. Jeder Teilnehmer kann seinen Interessen entsprechend ein Thema wählen und sich dazu stellen. So entstehen die Kleingruppen (unterschiedlich groß). Der Vorteil dieses Vorgehens: Jeder hat sich zu seiner Alternative entschieden und ist mit Gleichgesinnten in einer Gruppe.

Möglicher Ablauf
- Zu einem Unterrichtsthema werden drei bis acht Arbeitsaufträge gegeben; es gibt ebenso viele Lösungen
- Gespräch über die Motive der eigenen Entscheidung – Was wollen wir gemeinsam tun? Möglich: Weitere Differenzierung in Zweier- oder Dreiergruppen
- Jeder in der Kleingruppe schreibt nach dem Gespräch drei Eigenschaften zur gewählten Alternative auf und zeigt sie den anderen Gruppenmitgliedern

Möglichkeiten der Weiterarbeit
- Jede Gruppe macht ein Plakat zum Thema
- Jede Gruppe verfasst eine Plus-Minus-Liste zur gewählten Alternative
- Jede Gruppe malt ein Bild
- Jede Gruppe entwickelt eine Statue / Pantomime / Szene zum Thema

Übers. 6: Erkunden von Stimmungen und Meinungen

5.3 Kooperatives Lernen

Derzeit ist ein wachsendes Interesse an verschiedenen Formen und Varianten des kooperativen Lernens zu verzeichnen. Ausgangspunkt dieser Entwicklung sind in erster Linie reformpädagogische Ansätze und in jüngerer Zeit auch sozial-konstruktivistische Überlegungen: Danach ist die soziale Umwelt der Lernenden von den Inhalten und Vorgängen des Lernens kaum zu trennen und macht aus Lernen einen situierten Prozeß (vgl. LAW 1994).

5.3.1 Sozial-Konstruktivistische Grundlagen

Bedeutung gewinnen Formen des kooperativen Lernens vor allem in neueren Ansätzen aus der Pädagogischen Psychologie sowie der Instruktions-Psychologie, die mit unterschiedlicher Akzentuierung konstruktivistischen

Prinzipien Rechnung tragen (vgl. WEINERT 1996; CANDY 1991). Die Kernannahme des Konstruktivismus als Wissenschafts- und Erkenntnistheorie besteht darin, dass Wirklichkeit immer kognitiv konstruierte Wirklichkeit ist (vgl. GERSTENMAIER / MANDL 1995). »Die Welt ist eine kognitive Konstruktion des Subjekts, die es durch Wahrnehmung und Handlung vornimmt [...] Die Welt des Subjekts ist das, was ein Subjekt weiß« (OBERAUER 1993, S. 39; REINMANN-ROTHMEIER / MANDL 1996, S.40). Unterschiedliche Richtungen des Konstruktivismus haben im Wesentlichen die folgenden Standpunkte gemeinsam:

- Wissen wird nicht durch die bloße Reproduktion von Informationen, sondern in einem aktivem Konstruktionsprozeß erworben.
- Die eingesetzten Konstruktionsprozesse sind individuell verschieden. Deshalb sind auch die Ergebnisse von Lernprozessen nicht identisch.
- Wissen ist immer subjektives Wissen, das durch wahrnehmungsbedingte Erfahrungen entsteht.
- Neues Wissen impliziert die Umstrukturierung bereits vorhandenen Wissens. Der soziale Kontext, das soziale Aushandeln von Bedeutungen, sind beim Lernen ausschlaggebend.
- Von besonderer Bedeutung ist das Prinzip der Selbstorganisation. Der Mensch als in sich geschlossenes System organisiert sich selbst und organisiert damit für sich die Welt.
- Zur Reflexion bzw. Kontrolle des eigenen Lernhandelns ist der Einsatz metakognitiver Fertigkeiten wesentlich (vgl. GERSTENMAIER / MANDL 1995).

Konstruktivistische Modelle bieten einen interessanten theoretischen Rahmen gerade wenn es darum geht, Lernumgebungen zur Förderung selbstgesteuerten Lernens zu gestalten. Ausgangspunkt und Ziel dieser Ansätze sind Lernende, die aktiv motiviert und zunehmend eigenständig auf der Grundlage ihrer Interessen und ihres Vorwissens ihr individuelles Wissen konstruieren und dabei stark beeinflusst sind vom Kontext, indem sie ihre Deutungs- und Problemlöseaktivitäten entfalten (vgl. ENTWISTLE et al. 1993; ZIMMERMAN 1994; SIMONS 1993).

Besonderes Gewicht liegt auf der Frage nach Eigenarten und Gestaltungsprinzipien von generativen, d. h. zur aktiven Konstruktion von Wissensinhalten anregenden, Lernumgebungen (vgl. BEITINGER / MANDL 1992; ENTWISTLE et al. 1993). Es werden Instruktionsansätze entwickelt, die eine Auseinandersetzung mit Problemen anregen und die Anwendungsqualität des Wissens erhöhen sollen (vgl. GERSTENMAIER / MANDL 1995).

Zusammenfassend stellt *Tabelle 2* die wesentlichen Unterschiede zwischen konstruktivistischen und traditionellen Vorstellungen zum Lernen dar. Besondere Erwähnung verdient die veränderte Rolle der Lehrenden. Der Lehrer wird vom Wissensvermittler zum Gestalter von interaktiven Lehr-Lern-Umgebungen (s. *Abschnitt 4.2*), in denen die Lernenden durch die Teilnahme an kognitiv und interaktiv anspruchsvollen Lern- und Problemlösesituationen Einsichten gewinnen und Selbststeuerungsfertigkeiten erwerben (vgl. STEBLER et al. 1994; BEITINGER et al. 1994).

	Traditionelle Form	*Sozial-Konstruktivismus*
Prozess des Lehrens	Wissenstransport; Lernender weiß genau das, was der Lehrende weiß; Lernmethoden sind unabhängig von Inhalt, Kontext, Zeitpunkt und Personmerkmalen	Lehren als Anregung und Beratung; keine Wiederholbarkeit von bewährten Lernmethoden
Position des Lehrenden	»didactic leader«; Wissensinhalte präsentieren, erklären, kontrollieren	stellt Problemsituationen und »Werkzeuge« zur Problembearbeitung zur Verfügung; Berater und Mitgestalter
Prozess des Lernens	Lernen als rezeptiver Prozess; Lernen erfolgt linear und systematisch	Lernen ist ein aktiv-konstruktiver Prozess; situativ, multidimensional und systemisch
Position des Lernenden	eher passiv; muss von außen stark angeleitet und kontrolliert werden	aktiv und selbstgesteuert; erbringt eigene Konstruktionsleistungen
Inhalte und Ziele	Lerninhalte sind Wissenssysteme, die in ihrer Entwicklung abgeschlossen und klar strukturierbar sind; Lernende müssen die gesetzten Leistungskriterien erfüllen	Wissen ist unabgeschlossen und abhängig von individuellen und sozialen Kontexten; authentische Aufgaben führen zu neuen Zielen
Evaluation	Überprüfung des Lernerfolgs ist von größter Bedeutung; Testverfahren	Prozess des Lernens ist Gegenstand von Beurteilungen; Selbstevaluation wird angestrebt

Tab. 2: Vergleich zwischen traditioneller Lehre und Sozial-Konstruktivismus

5.3.2 Bestimmungsstücke kooperativen Lernens

Kooperatives Lernen unterscheidet sich signifikant von traditionellen Formen des lehrerzentrierten Unterrichts. Was sind die generellen Merkmale einer kooperativen Lerngruppe?

- In einer kooperativen Lerngruppe arbeiten die Lernenden in einer Gruppe zusammen, die klein genug ist, dass alle sich an einer klar und verständlich erteilten Aufgabe beteiligen können (vgl. COHEN 1993).
- Die Lernenden führen ihre Arbeit ohne direkte und sofortige Supervision der Lehrperson durch (vgl. COHEN 1993).
- Die Gruppenaufgaben laden zu wechselseitiger Unterstützung und kooperativem Problemlösen ein.
- Die Gruppenmitglieder erhalten Entscheidungsspielräume im Lernprozess (Planen, Wahl von Methoden).
- Beim kooperativen Lernen ändern sich die Rollenmuster zwischen Lehrenden und Lernenden. Der Lehrer ist nicht mehr primär Darbieter des Lernstoffes; er wird zum Organisator des Unterrichts und Förderer des Lernens.
- Kooperatives Lernen schafft die sozialen und organisatorischen Voraussetzungen und Bedingungen zur Förderung der aktiven Rolle der Schüler bzw. der Studierenden im Lernprozess.

Zur besseren Unterscheidung verschiedener Formen der Kooperation lassen sich Szenarios der Gruppenaktivität unterscheiden (s. *Tabelle 3*).

	Peer-Tutoring	*Kooperatives Lernen*	*Peer-Kollaboration*
Rolle	Gleichberechtigung gering	Gleichberechtigung hoch	Gleichberechtigung hoch
Interaktions-Strukturen	Interaktion gering	Interaktion mittel bis hoch	Interaktion hoch
Aufgabe	Unabhängigkeit	Multiple Beiträge zu einer Aufgabe	Wechselseitige Bearbeitung der Aufgabe

Tab. 3: Szenarios der Peer-Interaktion

Die in *Tabelle 3* gezeigten Ansätze differieren entlang dreier Dimensionen der Kooperation:

- Die ›Rolle‹ thematisiert die Beziehung zwischen den Teilnehmern und die Verteilung von Wissen, Kontrolle und Macht in der Gruppe.
- Die ›Interaktionsstruktur‹ bezieht sich auf das Ausmaß und den Ursprung der Interaktion.
- Die dritte Dimension richtet sich auf die ›Aufgabe‹ der Gruppentätigkeit. Die Art der Aufgaben beeinflusst die Art der Interaktion und die Rollen-Beziehungen der Teilnehmer.

Einige Beispiele mögen diese Differenzierung weiter verdeutlichen:

Peer-Tutoring: Zwei Mädchen, Elsa und Hanna, erarbeiten zusammen einen Text. Hanna ist bereits in der 5. Klasse und hat umfassendere Erfahrungen im Lesen und Schreiben. Im Rahmen der gemeinsamen Arbeit gibt sie Erklärungen und Hilfestellungen und macht Vorschläge. Elsa bittet ihre Lernpartnerin häufig um Hilfe und Rat. Die interaktive Struktur zeichnet sich durch ein geringes Maß an Austausch und Interaktion aus, weil Hanna häufig dominant ist. Elsa trägt dagegen nur wenig zum Gruppenerfolg bei.
Diese Form der Gruppenarbeit orientiert sich an der klassischen Experten-Novizen-Beziehung. Sie zeichnet sich dadurch aus, dass der Novize von den Fertigkeiten des Experten profitiert. Der Experte gibt Hilfen, die relevant und hinreichend elaboriert und verständlich sein müssen. Er unterstützt den Novizen, weist Wege auf und liefert die Struktur für dessen Aktivitäten.

Kooperatives Lernen: Am Tisch im Seminarraum sitzen vier Studierende. Sie verfügen über unterschiedliche Fähigkeiten und wurden vom Dozenten einer Gruppe zugeordnet. Obwohl alle Studierenden unterschiedliche Rollen in der Gruppe einnehmen, sind sie im Prinzip gleichberechtigt. Im Verlauf der Arbeit wechseln sich Phasen der Einzel- und Gruppenarbeit ab (z. B. individuelles Lesen eines Textes, der anschließend in der Gruppe besprochen und reflektiert wird).
Die Aktivitäten der Gruppenmitglieder sind eng aufeinander bezogen. Jeder einzelne ist eine potenzielle Wissensquelle. Wissen wird im sozialen Austausch durch Konsens, Dialog und Diskussion konstruiert. Die Aufgabe wird von jedem Einzelnen als Herausforderung erlebt; das Lernprodukt unterscheidet sich dabei substanziell von individuellen Lernprodukten.

Kollaborative Gruppen: Im Klassenzimmer sitzen Paare von Schülern, die sich freiwillig zusammengefunden haben. Die Partner diskutieren intensiv miteinander auf einer gleichberechtigten Ebene. Das Ausmaß der Zusammenarbeit und die Gleichberechtigung erreichen in jeder Phase ein hohes Niveau. Im Unterschied zum Peer-Tutoring wird jeder Lernende als kompetent angesehen. Jeder kann wichtige Beiträge zum gemeinsamen Projekt beitragen. Keiner wird vom anderen angeleitet. Im Unterschied zum kooperativen Lernen wird alles Wissen in der Zusammenarbeit konstruiert. Phasen der Einzelarbeit sind nicht vorgesehen.

Betrachtet man den Wissenserwerb als Kontinuum, so erfolgt die Informationsübertragung beim Peer-Tutoring von einer Person zur anderen. Am anderen Ende des sozial-konstruktivistischen Kontinuums befindet sich das kollaborative Modell, in dem Wissen im sozialen Kontext ausgehandelt wird. Auch hier ist das Endprodukt der Gruppenarbeit etwas grundsätzlich anderes als das Ergebnis, das jeder Einzelne für sich erreicht hätte. Im Rahmen interaktiver Aufgaben geschieht etwas, das nicht alleine hätte hergestellt werden können (vgl. McCarthey/McMahon 1992). Dahinter steht die systemtheoretische Einsicht, dass sich die Interaktions- oder Beziehungsstruktur von Gruppen nicht additiv aus Merkmalen der Beteiligten zusammensetzt. Vielmehr bilden die Interaktionspartner ein soziales System, das eine eigene Qualität besitzt (vgl. Slavin 1992; Ulich/Jerusalem 1996).

5.3.3 Förderung kooperativen Lernens

Ebenso wie Selbststeuerung bereits seit längerem als Voraussetzung, Ziel und Methode gleichermaßen verstanden wird, muss auch für Kooperation erkannt und angemessen berücksichtigt werden, dass sie entsprechende Fähigkeiten voraussetzt und Unterstützungsmethoden erfordert, um die theoretisch postulierten Vorteile des kooperativen Lernens tatsächlich als Ziel erreichen zu können.

Gegenüber dem Frontalunterricht, in dem die Lehrperson den Unterrichtsstoff vermittelt und die Lernaufgaben bestimmt, die Lernenden jedoch häufig nur reaktive Parts zu übernehmen haben, sind die Teilnehmer bei der Gruppenarbeit aktiv eingebunden. Doch reicht dies allein bei weitem nicht aus. Zur Förderung effektiver Gruppenarbeit bedarf es entsprechender Voraussetzungen und Bedingungen. Generell ist Gruppenarbeit durch zwei Ebenen bestimmt, die Beziehungs- und die Inhaltsebene (vgl. Bönsch 1995):

Beziehungsebene: In der Gruppe müssen komplexe Prozesse der Arbeitsplanung, -verabredung, -teilung und -zusammenfassung organisiert werden. Des weiteren sind Beziehungen, Rollen, Stimmungen, Befindlichkeiten zu bearbeiten. Da die Beziehungslage in der Gruppe in der Regel sehr unterschiedlich ist, ist Beziehungsarbeit unerlässlich. Dies erfordert aber ein hohes Maß von Kommunikations- und Kooperationsfähigkeit. Man muss Einstellungen, Befindlichkeiten versprachlichen und austauschen können, und zwar so, dass es dem Gruppenprozess hilft und ihn nicht vollends blockiert. In der Regel geht die Klärung beziehungs- und inhaltsbezogener Zuständlichkeiten einher mit der Ausformung bestimmter Leitungs- bzw. Koordinationsfunktionen sowie Mitarbeiterrollen (vgl. Bönsch 1995).

Inhaltsebene: Gruppenarbeit lebt auf Dauer davon, dass sie zu befriedigenden Ergebnissen kommt. In einer vorgegebenen Zeit sollen bestimmte Aufgaben erledigt werden. Besteht die Absicht, die Ergebnisse danach vorzustellen, muss die Gruppe ihre Arbeit so organisieren, dass sie zu einem vorgegebenen Termin ein Ergebnis vorweisen kann und dieses auch entsprechend interessant präsentiert.

Für die Praxis besonders wichtig ist die Einsicht, dass Lernen in der Gruppe vielfach nur dann zu den erhofften Erfolgen führt, wenn die stattfindende Kooperation angeleitet und gefördert wird. Solche Maßnahmen müssen sowohl personale Eigenschaften wie auch die Art der Aufgabe (die Kooperation wirklich unterstützen muss) und den organisatorischen Rahmen der Gruppenarbeit in Rechnung stellen (vgl. MANDL / REINMANN-ROTHMEIER 1995).

Hierzu ist die richtige Mischung zwischen Strukturiertheit einerseits und Offenheit andererseits erforderlich. Eine zu starke Strukturierung kann kreative und produktive Prozesse in der Gruppe behindern. Zu wenige Vorgaben bringen hingegen die Gefahr mit sich, dass es zu gar keinen kooperativen Prozessen und Ergebnissen kommt (vgl. COHEN 1994).

Systematisch betrachtet, sind bei der Unterstützung des kooperativen Lernens vier Aspekte zu beachten:

1. Personale Bedingungen: Kooperatives Lernen erfordert von den Gruppenmitgliedern, dass sie willens und in der Lage sind, sich mit den anderen auszutauschen, zu diskutieren und gemeinsam Aufgaben zu bearbeiten oder Lösungsansätze zu entwickeln. Motivationale und personale Bedingungen sind hier wichtig.

Gefragt ist in diesem Zusammenhang eine Verhaltensänderung des Lehrers, der vom primären Informationsvermittler zu einer Lernressource, einem Förderer der Lernprozesse und einem Koordinator der Interaktion innerhalb und zwischen den (Teil)Gruppen werden muss. Dies ist Voraussetzung dafür, dass Schüler oder Studierende sich zu aktiven Lernern wandeln, die ihre Arbeit festlegen und ausführen sowie Informationen und Ideen in Kooperation mit ihren Mitschülern bzw. Kommilitonen zusammenfassen.

2. Aufgabenwahl: Eine Gruppe kann nicht funktionieren wenn sie Aufgaben zu bearbeiten hat, die von der Annahme ausgehen, dass Gruppen nur Aggregate sind, die um einen Tisch herumsitzen. Wenn man Personen in Gruppen arbeiten lässt, sie sich dann aber mit einer Aufgabe für Individuen beschäftigen müssen, zerfällt die Gruppe rasch in ihre Einzelteile. Nur wenn die Lernaufgabe koordinierte Zusammenarbeit erforderlich macht und jedes Gruppenmitglied einen spezifischen Beitrag leisten kann, liegt eine Gruppenaufgabe vor, die Kooperation wirklich fördert.

3. Anreizstruktur: Gruppenbelohnung und individuelle Verantwortlichkeit sind notwendige Bedingungen für erfolgreiches kooperatives Lernen. Externe Belohnung wird dann unwichtig, wenn die kooperativen Aufgaben per se intrinsische Motivation auslösen und höhere Denkprozesse erfordern.

4. *Organisatorischer Rahmen:* Um effektives kooperatives Lernen zu verwirklichen ist es notwendig, dass

- die Lernenden diese Arbeitsformen als selbstverständlichen Bestandteil schulischen Lernens akzeptieren und ihre Vorteile zu schätzen wissen;
- genügend Zeit zur Verfügung steht, um komplexe Aufgaben im Rahmen von Kleingruppen durchzuführen;
- Spielräume vorhanden sind, um ein Unterrichtsthema individuell bzw. gruppenspezifisch auszugestalten;
- Spielräume für eine interessenspezifische Differenzierung vorhanden sind;
- prinzipielle Unterstützung von Seiten der Kollegen (und eventuell der Eltern) existiert.

Im (Hoch-) Schulalltag sind diese Bedingungen häufig nicht gegeben. Zwar tauchen entsprechende Forderungen immer wieder auf, doch steht die Praxis des kooperativen Lernens allzu oft unter dem Primat einer Fülle von Sachinhalten, welche ›abgearbeitet‹ werden sollen. Ebenso verfügen Studierende oder Schülerinnen und Schüler meist nicht über die notwendigen Kompetenzen, um kooperatives Lernen erfolgreich umzusetzen. Will man solchen Defiziten wirksam begegnen, ist es unerlässlich die Kooperation zum festen Bestandteil des Unterrichtsalltags zu machen und als Selbstverständlichkeit in die Lernkultur einzubinden (vgl. MANDL/REINMANN-ROTHMEIER 1995).

5.3.4 Formen der Gruppenarbeit

Gruppentechniken, die das angesprochene spontane Kooperationsdefizit ausgleichen wollen, gab es schon in den 70er-Jahren, und es werden immer wieder neue Techniken entwickelt. Diese ähneln sich alle darin, dass sie versuchen, die bereits beschriebenen Bedingungen kooperativen Lernens herzustellen (vgl. GEISSLER 1995). Wesentlich ist, dass diese Methoden flexibel und je nach Zielsetzung und Thema in unterschiedlichen Varianten einsetzbar sind:

- *Bienenkörbe:* Die Großgruppe wird für kurze Zeit in Kleingruppen eingeteilt. Die Gruppe hat eine eingeschränkte Gesprächs- oder Arbeitsaufgabe.
- *Markt:* Wie im Jahrmarkt sind die Angebote in freiem Wechsel zugänglich. Auch Kleingruppen können so von Angebot zu Angebot wechseln.
- *Pool:* In der Mitte der Großgruppe sitzen vier bis sechs Vertreter, die stellvertretend Meinungen oder Problembereiche diskutieren. Auf einem leeren Stuhl können spontan weitere Teilnehmer mitreden.
- *4–6 Ecken:* Zum Thema stehen vier bis sechs Wahlmöglichkeiten, auf Plakaten im Raum verteilt, sichtbar zur Verfügung. Die Teilnehmer stellen sich zu dem Plakat, das ihrer Wahl entspricht: Gespräche oder Gruppenarbeit können folgen.

- *Gruppenpuzzle:* Die Lernenden bilden kleine Expertengruppen, von denen sich jede mit einem bestimmten Thema beschäftigt, das dann jeweils den anderen Gruppen vorgestellt wird.
- *Gruppenrallye:* Gruppenbelohnung und individuelle Verantwortung werden kombiniert, um die Lernenden in der Gruppe u. a. dazu anzuregen sich gegenseitig zu unterstützen.
- *Austauschgruppen:* Sie werden aus je einem Teilnehmer jeder bisherigen Kleingruppe gebildet: Nun befindet sich in jeder Kleingruppe ein Vertreter der vorherigen Gruppen. Persönlicher Austausch ist möglich.
- *Wechselnde Paare:* Teilnehmer bilden für kurze Zeit Paare, die bestimmte Aufgaben bearbeiten oder Aktionen durchführen. Dann wechseln alle die Partner. Auf einen neuen Impuls folgt ein Partnerwechsel usw. Sinnvoll erscheinen maximal drei Partnerwechsel.

Weitere Hilfen und Anregungen sind in *Abschnitt 7.2* und in der *Übersicht 7* dargestellt.

- Die Aufgabe sollte klar sein
- Geregelt ist oft besser als frei
- Jeder ist für sich und die Gruppe verantwortlich
- Reflexion und Metakommunikation helfen ineffizientes Arbeiten zu vermeiden
- Aufgaben wählen, die für die Gruppenarbeit geeignet sind
  - Vorschläge entwickeln, Vorschläge prüfen
  - Erkundigungen einholen
  - Texte lesen und diskutieren
  - sich wechselseitig etwas vortragen
  - üben, sich abfragen und bewerten
  - sich gegenseitig beraten und helfen
  - knifflige Problemaufgaben lösen
- Die Präsentation der Arbeitsergebnisse gut vorbereiten

Übers. 7: Tipps für die Kleingruppenarbeit

5.3.5 Gestaltung ›starker‹ Lernumgebungen

Neuere, vor allem sozial-konstruktivistisch geprägte Ansätze rücken die Gestaltung der Lernumwelt bei der Unterstützung der Selbststeuerung ins Zentrum ihrer Bemühungen. Kognitivistisch-konstruktivistische Konzeptionen des Lernens betonen (vgl. FRIEDRICH/MANDL 1997):

- den Vorrang der Eigenaktivität der Lernenden gegenüber der Bedeutung externer Stimuli,
- die Situiertheit des Wissens gegenüber seiner transsituationalen Konsistenz,
- die Bedeutung sozialer Interaktion für das Lernen.

Konsequenterweise ist ein sozialer Kontext des Lernens zu schaffen, in dem Lernen als gehaltvoller wechselseitiger Prozess zwischen den Lernenden, der Lehrkraft, anderen Lernenden und den Lernmaterialien strukturiert wird. Man spricht in diesem Zusammenhang auch von ›starken‹ Lernumgebungen. Starke Lernumgebungen zeichnen sich durch folgende Merkmale aus:

- *Authentizität und Situiertheit:* Über realistische Lernkontexte (›konkrete‹ Beispiele und Aufgaben) und Probleme sind die Lernenden von Anfang an aufgefordert aktiv zu lernen.
- *Multiple Kontexte:* Lernumgebungen müssen den Lernenden Gelegenheit bieten Probleme aus möglichst unterschiedlichen Perspektiven zu betrachten.
- *Förderung des kooperativen Arbeitens und Lernens:* Der Einsatz kooperativer Lernmethoden fördert die aktive Kommunikation, die Reflexion und Artikulation des Wissens in der Lerngruppe.
- *Förderung der intrinsischen Motivation und der Interessendimensionen:* Lernsituationen sind so zu gestalten, dass die intrinsische Motivation gefördert wird (z. B. lernergerechte Zielsetzungen, realistische Aufgabenstellungen, ›die Teilnehmer abholen‹).

Kognitivistisch-konstruktivistische Prinzipien für die Gestaltung von Lernumgebungen räumen der Selbststeuerung insofern einen hohen Stellenwert ein, als den Lernenden eine aktive und konstruktive Rolle beim Wissenserwerb zugeschrieben wird.

Gleichwohl variieren die Freiheitsgrade und Entscheidungsmöglichkeiten (Ob? Was? Wann? Wie? Woraufhin?), die den Lernenden überlassen bleiben, in unterschiedlichen Designprinzipien erheblich. So ist das Konzept der »Kognitiven Meisterlehre« (»cognitive apprenticeship«; COLLINS et al. 1989; BROWN et al. 1989) ein Beispiel für einen Instruktionsdesign-Ansatz, der zwar auf einem kognitivistisch-konstruktivistischen Verständnis von Lernen basiert, aber dennoch zu Lernumgebungen führt, in denen viele Aspekte des Lernens – so etwa die Sequenz der Lehr-Lernschritte – systematisch vorgegeben sind (vgl. FRIEDRICH/MANDL 1997; REINMANN-ROTHMEIER/MANDL 1997).
Mehr Freiheitsgrade räumen Vertreter des »cognitive flexibility«-Konzepts, einem instruktionspsychologischen Ansatz aus der Expertiseforschung ein

(vgl. SPIRO/JEHNG 1990; REINMANN-ROTHMEIER/MANDL 1997). Grundlegende Hypothese ist, dass die Anwendung von Wissen nicht ein Abrufen eines »Datensatzes« aus einer »Wissensdatenbank« ist, sondern dass in einer konkreten Situation Wissen aus den verschiedenen früher generierten Repräsentationen erzeugt wird, das dann zur Anwendung kommt.

Es handelt sich hierbei um Lernumgebungen, die das Erreichen komplexer Lernziele (Anwendung, Problemlösen) in schwach strukturierten Inhaltsgebieten unterstützen sollen. Typisch für solche Inhaltsgebiete ist zum einen die konzeptuelle Komplexität (Notwendigkeit, das Problem aus mehreren Perspektiven zu analysieren) und zum anderen große Unterschiede zwischen Fällen, Beispielen oder Problemen desselben Typs. Es wird empfohlen, dasselbe Lerngebiet in verschiedenen Kontexten, unter veränderten Zielsetzungen und aus unterschiedlichen konzeptuellen Perspektiven zu beleuchten. Die dadurch ermöglichten multiplen Wissensrepräsentationen reduzieren die Kontextgebundenheit und damit auch die Trägheit des Wissens, das dann besser auf neuartige Situationen transferiert werden kann (vgl. STARK et al. 1995).

5.4 Individuelles, selbstgesteuertes Lernen

Aus der Perspektive des Individuums stellt sich selbstgesteuertes Lernen als Integration von Wollen und Können dar (»skill« und »will«; s. auch Abschnitt 4.1). Die Wirksamkeit des selbstgesteuerten Lernens hängt danach nicht nur vom Entwicklungsstand kognitiver und metakognitiver Kompetenzen, sondern auch von motivationalen, volitionalen und metavolitionalen Voraussetzungen ab. Von Selbststeuerung kann dann die Rede sein, wenn der einzelne Lernende über die folgenden Kompetenzen verfügt (vgl. RAMBACHER 1991):

- *Motivation:* Sich selbst motivieren; den Lernbedarf eigenständig feststellen (Was ist zu tun? Wozu soll es getan werden?)
- *Planung:* das Lernen mit mehr oder weniger Lehrer/Leiterhilfe organisieren und die Ausführung einer Aufgabe selbst planen (Wie gehe ich vor? Welche Arbeitsschritte sind zweckmäßig? Womit? Mit welchen Hilfsmitteln? Wie und bis wann soll die Aufgabe gelöst sein?)
- *Entscheidung:* Selbst für einen möglichen Lösungsweg entscheiden (Welche Handlungsalternative führt am wahrscheinlichsten zum Ziel?)
- *Handlungsausführung:* die Lernaktivität gemäß der Entscheidung selbst ausführen (Was ist zu tun? Welche Strategie und/oder Aktivität führt zum Ziel?)
- *Metakognitive Kontrolle und Regulation:* das Handeln fortlaufend überwachen und kontrollieren (Stimmt der Ergebnis(zwischen)zustand noch mit meinen Zielen überein? Was muss ich möglicherweise ändern?)

- Bewertung: Das Lernergebnis selbst bewerten und reflektieren (Wurde die Planung eingehalten? Wie ist die Qualität des Ergebnisses?)

Abbildung 6 fasst zusammen, welche Voraussetzungen das Individuum zur Selbststeuerung des Lernens benötigt.

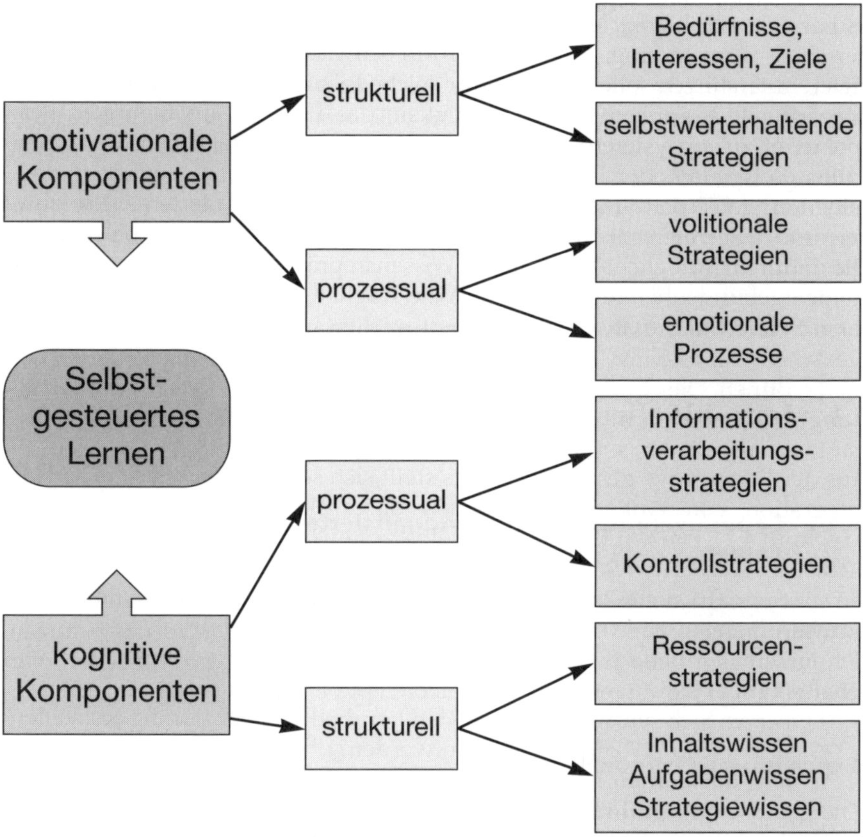

Abb. 6: Lernerseitige Strukturen und Prozesse

Nach dem aktuellen Kenntnisstand können vor allem der Aufbau bzw. das Vorhandensein metakognitiver Kompetenzen als individuelle Basis des Lernens angesehen werden. Das in einer bestimmten Lernsituation verfügbare Metawissen und das damit verbundene Handlungsbewusstsein ermöglichen und bewirken, dass intelligente Formen der Informationsverarbeitung und effektive Modi der Überwachung eigener Lernvorgänge entwickelt werden. Daraus gewonnene Erkenntnisse und Erfahrungen können wiederum als Voraussetzung für den Erwerb weiterer metakognitiver Kompetenzen angesehen werden. Somit lässt sich kognitives Lernen auch als introspektiv vermittelter und durch externe Unterstützung angereicherter Prozess charakterisieren. Es handelt sich um einen Vorgang der Erweiterung des intuitiven Wissens über Lern- und Problemlösevorgänge auf der einen und der Verbesserung einer wissensbasierten, bewussten (oder bewusstseinsfähigen) Steuerbarkeit zielgerichteter Lernoperationen auf der anderen Seite.

Im Unterricht gibt es zwei einander ergänzende Ansatzpunkte für die Förderung selbstgesteuerten Lernens. Der eine besteht darin, dem Individuum die in *Abbildung 6* skizzierten kognitiven und motivationalen Komponenten selbstgesteuerten Lernens direkt zu vermitteln, sodass es schließlich über ein Repertoire von Strategien und Techniken verfügt, das es bewusst und gezielt einsetzen kann. Dies ist der Ansatz des Lernstrategietrainings (s. *Abschnitt 5.1.1*).

Der andere – indirekte – Förderansatz besteht darin, Lernumgebungen so zu gestalten, dass sie den Lernenden die Möglichkeit für selbstgesteuertes Lernen eröffnen. Dies ist der Ansatz des Instruktionsdesigns. Wie bei der Gestaltung adäquater Lernumgebungen die individuelle Selbststeuerung unterstützt werden kann, soll in den folgenden Abschnitten erläutert werden.

5.4.1 Lernumgebungen für individualisiertes selbstgesteuertes Lernen

Es gibt verschiedene Arten von Lernumgebungen, die im wesentlichen daraufhin angelegt sind selbstgesteuertes Lernen Einzelner zu unterstützen. Sie lassen sich danach gruppieren, ob sie eher einem expositorischen oder eher einem explorativen Instruktionskonzept verpflichtet sind.

Expositorische Lernumgebungen

Die gemeinsame Grundidee der verschiedenen Ansätze des individualisierten Lernens ist, die Steuerung des Lerntempos den Lernenden zu überlassen. Dies geschieht zumeist dadurch, dass wesentliche Teile der Instruktion in Form von selbstinstruktionalen Medien (gedruckte Texte, Computer, Multimedia usw.) realisiert werden. Diese können die Lernenden gemäß ihrem eigenen Tempo bearbeiten.

Die Möglichkeit, das Lerntempo selbst zu bestimmen, gibt – im Vergleich etwa zum Frontalunterricht in der Gruppe – der Selbststeuerung einen wichtigen Impuls. Andere relevante Aspekte des ›Wie‹ des Lernens, etwa die Sequenzierung der Inhalte oder Formen der Lernkontrolle stehen dagegen nicht in der Verfügung des Individuums. Sie sind systemseitig vorgegeben. Dies gilt zumeist auch für das ›Was‹ (Inhaltswahl) und das ›Woraufhin‹ (Lernzielentscheidungen).

Ein typisches Beispiel für solche Ansätze ist das »Leitprogramm«-Konzept nach Weltner (1978) auf das nun eingegangen werden soll. Weltner hat die Anforderungen beschrieben, die ein »autonomes Lernen« an die Person des Lernenden stellt. Orientierungspunkt ist die individuelle Autonomie, d. h. die möglichst große Unabhängigkeit des Lernenden von personaler und apersonaler Instruktion. Weltners (1978) Leitprogramme, die als Lern- und Studienunterstützungen in teilprogrammierter Form (z. B. Leitprogramm »Mathematik für Physiker«) beschrieben werden,

- erläutern Lernaufgaben anhand einer Informationsquelle (z. B. Lehrbücher, Handbücher)
- helfen bei der Auswahl von Lernzielen und Lernaufgaben
- leiten die Lernaktivitäten ein
- unterstützen die Feststellung des Lernzustandes nach der Lernphase durch lernzielorientierte Testsequenzen
- initiieren kompensatorische Lernphasen bei manifesten Lerndefiziten
- stabilisieren die Lernbereitschaft und
- verstärken erfolgreiche Lernaktivitäten

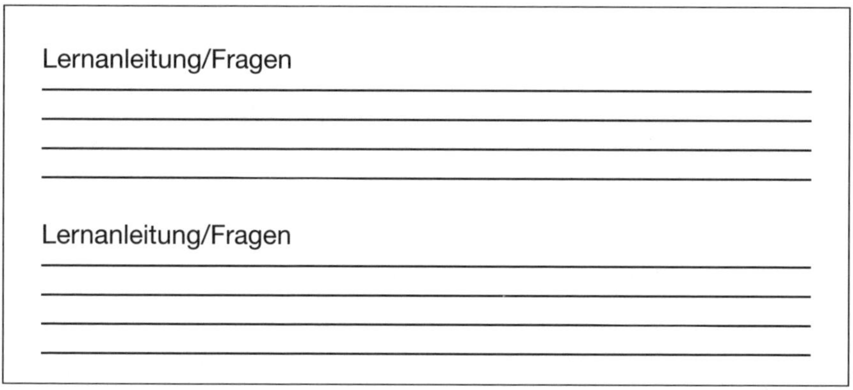

Abb. 7: Fragen und Lernanleitungen im Text

Bei genauerer Betrachtung (s. *Abbildung 7*) beinhalten Leitprogramme eine Folge von Lernanleitungen, Lernzustandsdiagnosen und didaktischen Kompensationsmaßnahmen. ›Leitung‹ im Sinne der Leitprogramme bedeutet im Wesentlichen Gestaltung instruktionaler Materialien durch den Einsatz gezielter Fragen, die sich der Lernende stellen und beantworten soll. Dabei finden die folgenden Lernerkompetenzen Berücksichtigung:

- Einleitung von Lernaktivitäten
- Vorbereitung auf Lernschwierigkeiten
- Diagnose des Lernzustands
- Identifizierung von Lerndefiziten und
- Überprüfung des Verständnisses komplexer Sachverhalte.

Zu diesen Punkten werden jeweils text- und materialspezifische Fragen in den Instruktionstext eingearbeitet, deren Beantwortung eine Selbstdiagnose und entsprechende Selbstregulation anleiten soll. Zur Kompensation bestehender Defizite werden Lernprogrammsequenzen differenziell angeboten um die entsprechenden Verstehens- oder Verarbeitungslücken zu füllen.

Kritisch ist anzumerken, dass die angebotenen Maßnahmen weitgehend darauf verzichten an selbstregulatorischen Prozessen der Überwachung eigener Schritte, ihrer Bewertung und entsprechenden regulatorischen Konsequenzen (Metakognition) anzuknüpfen, die seitens der Lernenden schon bestehen.

Exploratorische Lernumgebungen

Exploratorischen Lernumgebungen für selbstgesteuertes Lernen ist gemeinsam, dass sie von den Lernenden tendenziell mehr und auch komplexere Eigenaktivitäten verlangen als Lernumgebungen, die expositorischen Lernumgebungen nahestehen. Auch exploratorische Lernumgebungen können unter Einbezug traditioneller personaler Unterrichtsformen (Unterricht, Seminar) unter Einbezug traditioneller Selbstinstruktionsmedien (Texte, Medienverbundsysteme) oder unter Einbezug moderner Lerntechnologien (computerintegriertes Multimedia, Hypertextsysteme) oder durch einen Mix aller dieser »Instruktionsträger« realisiert werden (vgl. FRIEDRICH/MANDL 1997).

Als ein Beispiel für explorative Lernumgebungen zur Unterstützung selbstgesteuerten Lernens wird im folgenden auf das Leittext-Konzept eingegangen.

Das Konzept des Leittext-Lernens stammt aus der beruflich-betrieblichen Erstausbildung. Es soll überkommene Ausbildungsmethoden ergänzen, um das neu gesetzte Ausbildungsziel »Fähigkeit zur selbständigen Planung, Ausführung und Kontrolle von Tätigkeiten« zu fördern. Selbstständiges Handeln wird dadurch angeregt, dass an die Stelle unmittelbarer Unterweisung durch Vormachen, Zeigen usw. mittelbare Formen treten, und zwar Texte: Texte informieren über die Ausbildungsaufgabe, Texte helfen bei der Planung der Lösung, Texte helfen kontrollieren.
Leittexte basieren auf dem »Prinzip der vollständigen Handlung« mit der zyklischen Abfolge von Informieren, Planen, Entscheiden, Ausführen, Kontrollieren und Auswerten (s. *Abbildung 8*). Zu jeder dieser Stufen bietet der

Leittext Handlungsanweisungen und stellt Informationen für die Lerner bereit um die Stufen erfolgreich zu bewältigen (vgl. WEIDENMANN 1997).

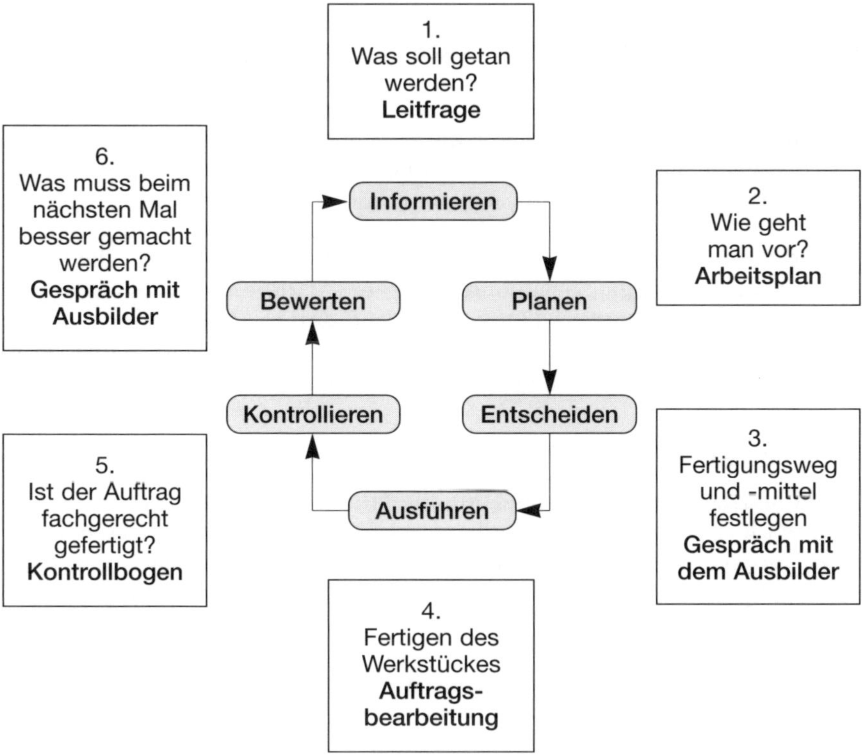

Abb. 8: Das Prinzip der vollständigen Handlung

Grundlegendes Prinzip des Leittext-Konzepts ist: Wer Selbstständigkeit will, muss Selbstständigkeit gewähren! Dementsprechend ist es Aufgabe von Lehrenden, die sechs Phasen jeweils so zu planen und vorzubereiten, dass die Lernenden die spezifischen Aktivitäten möglichst selbstständig vollziehen können, also nicht: »Wie informiere ich die Lernenden«, sondern »wie können sich die Lernenden selbstständig über die Arbeitsaufgabe informieren? Was muss dazu bereitgestellt werden?«

Kernstück von Leittexten sind die Leitfragen; sie leiten die Lernenden dazu an, komplexe Aufgaben zu bearbeiten und sich aus Informationsgrundlagen die Kenntnisse zu erarbeiten, die nötig sind um diese Aufgaben fachgerecht zu lösen.

Auf diese Weise wird neben der fachlichen zugleich die Methodenkompetenz gefördert, indem Lernende sich so selbstständig wie möglich alle nötigen Informationen beschaffen müssen. Die Sozialkompetenz wird dadurch gefördert, dass die Formen der Zusammenarbeit je nach fachlichen Möglichkeiten variiert werden, z. B. durchgehende Einzelarbeit, durchgehende Gruppenarbeit in allen sechs Phasen oder gruppengesteuerte Einzelarbeit, wobei gruppenweise informiert und geplant, aber einzeln ausgeführt wird was zu tun ist. Lehrende haben sich hier zurückzuhalten, zwar vorzuplanen und vorzubereiten, aber während des Lernprozesses beiseite zu treten und bloß als Experten auf Abruf bereitzustehen.

Die Leittextmethode hat in der Regel positive Auswirkungen auf die Fach-, die Methoden- und die Sozialkompetenz der Auszubildenden bzw. Lernenden. Allerdings gibt es auch Hinweise darauf, dass mit Leittextsystemen vor allem jene Personen gut zurechtkommen, die ohnehin bereits über gute Lernvoraussetzungen verfügen (vgl. DUBS 1993).

5.4.2 Individuelle Nutzung von Lern- und Arbeitstechniken

Individuelles selbstgesteuertes Lernen setzt Methoden bzw. Lernstrategien voraus, die den individuellen Aufbau und die Elaboration von Wissen unterstützen. Exemplarisch seien hier verschiedene Formen von Mind-Maps angeführt.

Mind-Maps: Elaborieren, darstellen, präsentieren
Wissensstrukturierung im Unterricht stünde im Widerspruch zu den Ideen der »situierten Kognition« und des »strukturierten Lernens«, wenn Wissensstrukturierung die Darstellung vorgegebener Strukturen, die Präsentation fertiger Systeme wäre. Eine solche Sichtweise würde sich auch nicht mit den Erkenntnissen über die Strukturen und Prozesse der Informationsverarbeitung vereinbaren lassen, nach denen der Wissensaufbau als dynamischer Wechselwirkungsprozess zwischen vorhandenen und neuen Schemata und Wissensrepräsentationen als selbstkonstruiertes System von Konzept- und Relationssymbolisierungen verstanden wird. Die konstruktivistischen Grundannahmen der Informationsverarbeitung vertragen sich aber mit Unterrichtsmethoden wie forschendes und entdeckendes Lernen, Erkunden und Erproben, die zugleich zu einer Herausarbeitung der Tiefenstrukturen des Wissens beitragen können (vgl. EINSIEDLER 1996). Die Gestaltung einer Mind-Map kann als Beispiel des forschenden Lernens aufgefasst werden.
›Mind-Maps‹ oder ›konzeptuelle Landkarten‹ kommen üblicherweise dort zum Einsatz wo es darum geht zentrale Begriffe, Ideen oder Konzepte und deren Wechselwirkungen grafisch zu veranschaulichen (s. *Abbildung 8*; CIZEK 1997).

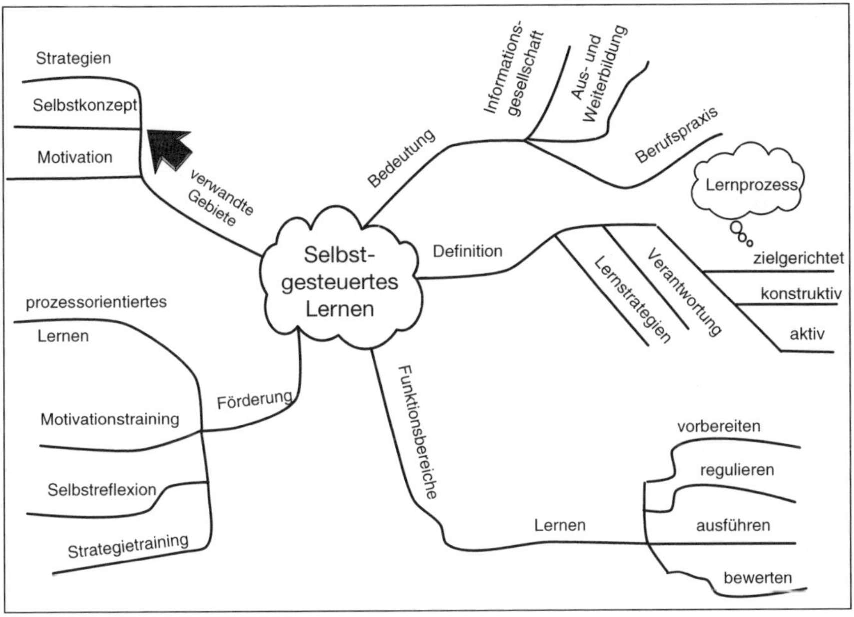

Abb. 8: Die klassische Mind-Map

Die Verwendung dieser Methode im Unterricht hat mehrere Vorzüge:

- Sie erlaubt ein handlungsorientiertes Vorgehen.
- In Gruppen regt die Gestaltung kognitiver Netzwerke die Kommunikation der Lernpartner an.
- Die fortlaufende Dokumentation der Lern(zwischen)ergebnisse kommt der Lernmotivation zugute.
- Durch die entstehenden Strukturbilder wird eine Visualisierung von Wissensstrukturen (bzw. der individuellen kognitiven Organisation) des reflexiven Subjekts erreicht (»Externalisierung von Wissensstrukturen«, CIZEK 1997, S. 24). Mind-Maps bieten damit die Gelegenheit Wissensstrukturen auf eine relativ direkte Art und Weise zu erfassen und zu dokumentieren.

Wie entsteht eine Mind-Map? Zur Gestaltung einer Mind-Map wird ein großer Bogen Papier benötigt. In die Mitte des Bogens wird das Unterrichtsthema oder der Kernbegriff geschrieben. Von der Mitte ausgehend führen nun Äste zu jedem Teilgebiet oder Aspekt des Themas. Jeder Ast wird mit der treffenden Bezeichnung versehen. Für jede neue Idee kommt ein neuer Ast hinzu. Jede Fortsetzung und Ausdifferenzierung wird als Verästelung eines bestehenden Astes eingezeichnet. So entsteht eine Themendifferenzierung, die visuell leicht erfasst und mit Farben und Formen zusätzlich sinnlich gestaltet und verankert werden kann. Mind-Maps oder Ideen-Landkarten können in Einzelarbeit oder in Kleingruppen erstellt werden. Als Variante der klassischen Mind-Map können semantische Karten und grafische Organizer angesehen werden.

Semantische Karten

Semantische Karten stellen hierarchische Relationen zwischen Konzepten dar. Mit semantischen Landkarten werden neue Konzepte auf vorhandenes Wissen und frühere Erfahrungen bezogen. Im Zentrum einer semantischen Landkarte steht die Kernidee oder der Schlüsselbegriff z. B. einer Textpassage. Andere Begriffe werden entsprechend um diese Kernidee gruppiert (s. *Abbildung 9*).

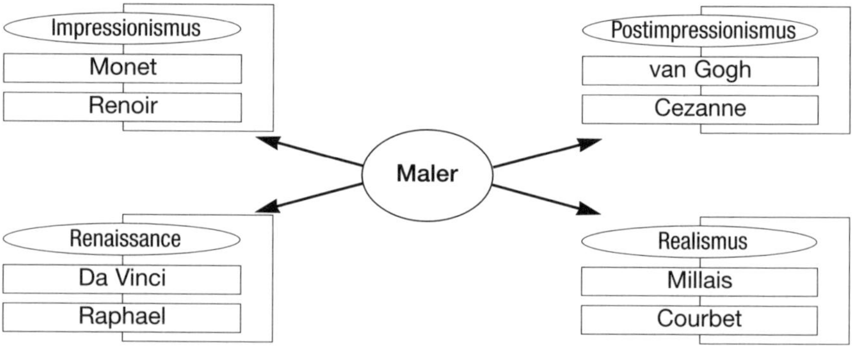

Abb. 9: Semantische Karten

Die Vorteile der semantischen Karten sind

- leicht zu lernen
- kann in Gruppen interaktiv verwendet werden
- die Kernidee wird klar erkennbar
- Hierarchische Beziehungen zwischen den Größen werden deutlich

Aber es gibt auch Grenzen:

- Durch semantische Karten werden lediglich hierarchische Beziehungen abgebildet
- komplexe Beziehungen gehen in die Karten selbst nicht ein

Grafische Organizer/Strukturierte Übersichten

Grafische Organizer / Strukturierte Übersichten werden als Visualisierungshilfen verwendet, um die Organisation von Texten oder andere Instruktionsmaterialien zu vermitteln (s. *Abbildung 10*).

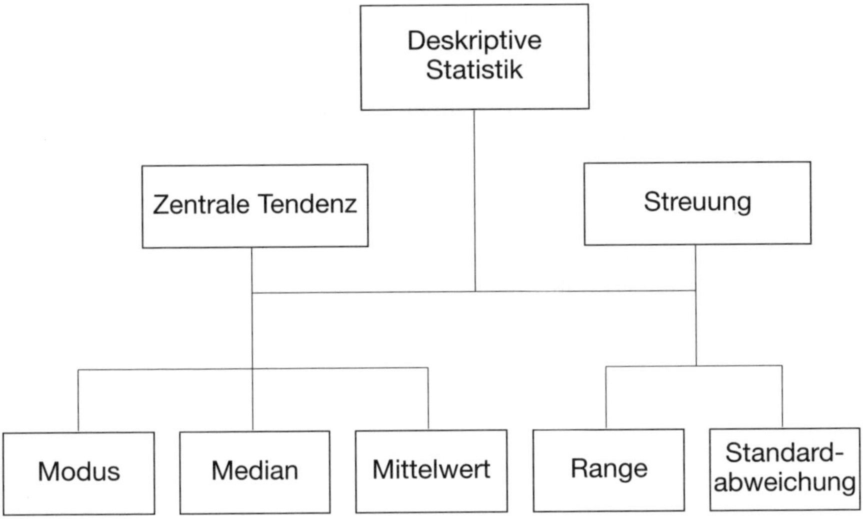

Abb. 10: Grafische Organizer

Die Vorteile der grafischen Organizer sind

- Grafische Organizer erleichtern das Erinnern von Informationen
- Als Post-Organizer unterstützen sie das Abspeichern (Enkodierung) von Informationen
- Die Struktur von Informationen kann effektiv und übersichtlich dargestellt werden
- Sie sind leicht anzufertigen

Wo liegen die Nachteile?

- Die streng hierarchische Art der Beziehungen begrenzt die Art der Ideen, die dargestellt sind
- Die Beziehungen werden nicht näher benannt
- Einigen Lernenden fehlen die metakognitiven Fertigkeiten, um von dieser Art der Darstellung zu profitieren

Netzwerkmethoden: Stichworte bündeln, strukturieren, gestalten

Eng verwandt mit der Mind-Map-Technik sind die so genannten Netzwerkmethoden. Ein wesentlicher Unterschied besteht in der Verwendung von Kärtchen, die einerseits die Kreativität der Ausführung einengen können, andererseits aber eine flexiblere Darstellung von Zusammenhängen und Strukturen gestatten.

Ausgangspunkt der Netzwerkmethoden sind die zentralen Begriffe zu einem Themenfeld, die vorab auf Kärtchen geschrieben werden. Die geschriebenen

Kärtchen werden zu Themenbündeln zusammengelegt und mit passenden Überschriften gekennzeichnet. Kärtchen, die »aus der Reihe« fallen, passen vielleicht zu Bündeln anderer Gruppen. Die Themen-Bündel werden auf Plakate geklebt, die Plakate aufgehängt, die Überschriften beachtet und gewürdigt. Zwei Beispiele für eine Anwendung dieser Methode:

- *Themen-Baum:* Die zu einem Thema geschriebenen Kärtchen werden zu einigen Aspekten zusammengelegt. Zu diesen werden stimmige Überschriften gesucht. Zu jedem Bündel kann nun der Einzelne oder eine Arbeitsgruppe den Themenbaum erarbeiten: Der ›Grund‹, die ›Wurzeln‹, der ›Stamm‹, die ›Verästelungen‹, ›die Krone‹, die ›Früchte‹ eines Themas werden auf einen dazu gemalten Baum geklebt und gestaltet.
- *Begriffe reihen und ordnen:* Die Schlüsselbegriffe auf den Kärtchen werden geordnet: Die Schlüsselbegriffe des Stoffes werden auf Kärtchen geschrieben und an Einzelne oder Kleingruppen ausgeteilt. Aufgabe ist es nun, diese Kärtchen in einem sinnvollen Zusammenhang aufzulegen. Ein Netzwerk entsteht, das den anderen Gruppen erklärt wird.

5.5 Integrierte Ansätze

Die Nutzung theoretischer Modelle in der Praxis des Lehrens und Lernens ist in vielerlei Hinsicht schwierig. Zum einen spielen ›gesunder Menschenverstand‹ und ›praktische Vernunft‹ sowie Intuition, Erfahrung und ein Gespür für die konkrete Situation eine nicht zu unterschätzende Rolle für die Anwendung von Prinzipien und Methoden des Lehrens. Zum anderen weisen sowohl traditionelle als auch konstruktivistische Ansätze Probleme auf, die ihre einseitige Anwendung im praktischen Lehr-Lerngeschehen fraglich erscheinen lassen.
Es ist weder möglich noch sinnvoll, allein auf aktive Konstruktionsleistungen der Lernenden zu vertrauen; man kann Lernenden aber auch nicht ständig fertige Wissenssysteme nach feststehenden Regeln vermitteln (vgl. REINMANN-ROTHMEIER/MANDL 1997). Gefragt ist stattdessen eine Pluralität an Lernmethoden sowie eine Kombination verschiedener Vorgehensweisen. Es geht um eine begründete Vereinbarkeit instruktionaler Anleitung und Unterstützung mit dem Ziel eines aktiv-konstruktiven Lernens.

Didaktisch-methodische Ansätze, die einer Integration der bislang referierten Modelle und Methoden den Vorzug geben, verbinden Phasen der Fremdsteuerung und der Selbstregulation miteinander. Diese Entwürfe gehen davon aus, dass eine gemäßigt konstruktivistische Auffassung vom Lernen instruktionale Aktivitäten des Lehrenden keineswegs ausschließt. Angestrebt wird eine optimale Passung zwischen dem intern gegebenen Bedarf an Unterstützung und dem extern zur Verfügung gestellten Angebot an Unterstützung.

Eine Auswahl dieser integrierten Modelle zur Unterstützung des selbstgesteuerten Lernens soll nachfolgend dargestellt werden. Es handelt sich um die Stadien- bzw. Prozessmodelle des selbstgesteuerten Lernens nach GROW (1991) und SIMONS (1992) und das Sandwich-Prinzip nach WAHL und Mitarbeitern (1992).

5.5.1 Stadienmodell nach GROW

Nach GROW (1991, 1993) kann Selbststeuerung durch eine Form des prozessorientierten Lehrens gefördert werden. Der Lehrende zeigt dem Lernenden in einem ersten Schritt, wie er selbst lernsteuernde Aktivitäten übernehmen kann. Der Lehrende nimmt dann allmählich seine lernsteuernden Aktivitäten zurück und aktiviert die Selbststeuerung des Lernenden durch entsprechende Aufgaben. Der Lernende übernimmt damit schrittweise die Rolle des sich selbst Lehrenden.

GROW (1993) führt Lernende in unterschiedlichen Phasen zur Selbststeuerung (»Staged Self-Directed Learning«, SSDL). Dahinter steht die Idee, dass sich selbstgesteuertes Lernen nicht sofort und nicht automatisch entwickelt. Es bedarf gezielt aufeinander abgestimmter Phasen didaktisch-methodischer Unterstützung (s. *Tabelle 4*).

Die grundlegenden Annahmen des SSDL lassen sich wie folgt zusammenfassen:

- Lernende können im Laufe ihrer Lernbiografie eine zunehmend größere Kontrolle über ihr Lernen erwerben; ein erwachsener Lernender zu sein bedeutet jedoch nicht notwendigerweise, über ein höheres Maß an Kontrolle über das Lerngeschehen zu verfügen.
- Lehrende können diese Entwicklung unterstützen: zum einen, indem sie grundlegendes Wissen vermitteln, zum anderen durch die Förderung von Meta-Fertigkeiten, die eine ausgeprägtere Lernerkontrolle wahrscheinlich machen. Entsprechende Maßnahmen sollen gewährleisten, dass die Kontrolle über das Lerngeschehen zunehmend auf die Lernenden übergeht, sobald sie über die erforderlichen Kompetenzen und Fertigkeiten verfügen. Lehrende sollten ihr Lehrverhalten an das Niveau und die Bedürfnisse der Lernenden anpassen und individuelle Fortschritte unterstützen.
- Es gibt nicht nur einen Weg, das Lernen angemessen zu unterstützen. Unterschiedliche Lehrmaßnahmen und -stile kommen verschiedenen Lernenden und den gleichen Lernenden zu unterschiedlichen Zeitpunkten in differenzieller Weise zugute. Kompetente Lehrer/Dozenten wissen um den aktuellen Stand des Lernenden und fördern seine Entwicklung zu mehr Selbststeuerung, die durch Lernbereitschaft, Flexibilität und Lernerkontrolle gekennzeichnet ist.

- Das Maß der Lernerkontrolle wird sowohl durch das Lernumfeld als auch durch die Fähigkeit des Lernenden bestimmt, seine Kompetenzen in anderen Situationen bzw. zu anderen Zeitpunkten zu nutzen. Lernerkontrolle steht auch mit persönlichen Bedürfnissen in Verbindung. Einige Lernende scheinen in allen Stadien der Selbststeuerung von den gleichen Lehrangeboten und -methoden zu profitieren.
- Mit erzieherischen Problemen ist zu rechnen, wenn zwei extreme Tendenzen von ›Lehrerkontrolle‹ und ›Lernerkontrolle‹ aufeinandertreffen: der direktive Lehrer auf den selbstgesteuert Lernenden und der delegierende oder zurückhaltende Lehrer auf den passiv Lernenden.

Stadien	*Lernende*	*Lehrer*	*Beispiele*
Stufe 1	fremdgesteuert	ist autoritär coacht	Coaching mit unmittelbarem Feedback; klare Anweisungen Informationstexte; Defizite und Widerstände überwinden
Stufe 2	interessiert	motiviert leitet	Anregung von Textlektüre verbunden mit gelenkter Diskussion; Zielklärung; Übung von Lernstrategien
Stufe 3	integriert	unterstützt hilft	Lehrer regt die Diskussion an, ist gleichberechtigter Teilnehmer; Seminare, Gruppenprojekte
Stufe 4	selbstgesteuert	berät delegiert	individuelle Tätigkeiten oder selbstgesteuerte Lerngruppen

Tab. 4: Unterstützung selbstgesteuerten Lernens nach GROW

Wie lässt sich die zunehmende Selbststeuerung treffend beschreiben?

1. Phase

Fremdgesteuert Lernende brauchen in dieser Phase eine Autoritätsfigur, die klar vorgibt was zu tun ist, wie und wann es zu tun ist. Lernen ist lehrerzentriert. Lernende betrachten den Lehrer in dieser Phase als Experten, der weiß, was zu tun oder was zu lernen ist. Sie bleiben zumeist passiv. Informationen werden lediglich rezeptiv aufgenommen und unverändert wiedergegeben. Die Passivität kann sich auf manche Inhalte oder Fachgebiete oder aber auch auf alle Teil-Tätigkeiten des Lernens beziehen. Einige Merkmale dieser ersten Phase erinnern an den klassischen Frontalunterricht in seinem negativen Sinne. In der Tat kann diese Phase in Verbindung mit bestimmten Lerner-Persönlichkeiten – und wenn sie zu lange anhält – kontraproduktiv sein.

Beispiele:
- Vorträge, die persönliche Bedürfnisse betonen
- stark strukturierte Lerneinheiten oder Übungen
- hochspezifische Aufgabenstellungen
- intensiver individueller Unterricht

2. Phase
Im zweiten Stadium sind Lernende interessiert, zumindest aber interessierbar. Sie lassen sich motivieren. Sinnvolle Aufgaben werden gerne ausgeführt. Die Lehre in diesem Stadium wird in Bildungseinrichtungen vielfach als »gute Lehre« bezeichnet. Der Lehrer / Dozent bringt Motivation und Enthusiasmus in die Lerngruppe. Er regt Lernende an und unterstützt sie auch im sozio-emotionalen Bereich. Obwohl sich die Lehrperson eher direktiv verhält, ist sie doch stets darum bemüht, den Lernwillen und die Motivation der Lernenden anzuregen. Wichtig sind in dieser Phase eindeutige Erklärungen, warum und wofür die gerade behandelten Fertigkeiten wichtig sind und welchen Zielen die damit verknüpften Aufgaben dienen. Die Lehrperson sollte in hohem Maße motivierend und unterstützend tätig sein. Lernende können in dieser Phase von der Diskussion mit dem Lehrer / Dozenten profitieren. Kommunikation und Austausch verlaufen in beide Richtungen.

Beispiele:
- Lehrperson als Ideengeber oder inspirierende Instanz
- industrielle Trainingsprogramme
- Demonstration durch einen Experten, gefolgt von gelenkter Praxis
- interaktive computerbasierte Übung

3. Phase
Die Lernenden verfügen nun über das Wissen und die Kompetenz um den eigenen Lernprozess aktiv zu gestalten. Sie sind in der Lage zum Selbststudium, entwickeln ein tiefergehendes Selbstkonzept, mehr Selbstvertrauen und eine größere Kompetenz. Sie können sich Lernstrategien bewusst machen und bewusst einsetzen. Sie lernen ihre eigenen Erfahrungen zu identifizieren und zu bewerten; und sie können die Erfahrungen anderer beurteilen. Typisch für diese Phase ist die Entwicklung von kritischem Denken und Eigeninitiative.

Hauptaufgabe des Unterrichts ist es die Lernenden zu unterstützen. Der Lehrer / Dozent beteiligt sich an gemeinsamen Lernerfahrungen. Lehrende und Lernende realisieren gemeinsam Entscheidungsprozesse, wobei die Verantwortung der Lernenden immer mehr zunimmt. Der Lehrende unterstützt bereits vorhandene Kompetenzen und regt deren Nutzung an. Er strukturiert schrittweise den Übergang in die Unabhängigkeit. Eine wesentliche

Hilfe auf diesem Weg kann die Bereitstellung von Lernhilfen, -anregungen und -methoden darstellen. Bewährt haben sich insbesondere Checklisten oder persönliche Lerntagebücher.

Beispiele:
- Seminare, in denen der Lehrende und Lernende gleichberechtigt interagieren;
- Projektgruppen, die durch die Lehrkraft unterstützt (aber nicht determiniert) werden;
- Gruppen, die sich vom strukturierten Arbeiten nach bestimmten Kriterien zu eigenständig agierenden Gruppen ohne Leitung oder Supervision entwickeln.

4. Phase
Selbstgesteuert Lernende setzen sich eigene Ziele und Standards – mit oder ohne Hilfe der Experten. Dabei darf Unabhängigkeit nicht mit Isolation gleichgesetzt werden. Viele eigenständig Lernende sind in hohem Maße sozial engagiert und nehmen aktiv an Lerngruppen teil.

Lernende sind in dieser Phase in der Lage und willens die Verantwortung für das eigene Lernen zu übernehmen. Sie nutzen Fertigkeiten zum Zeit- und Projektmanagement, setzen sich selbst Ziele, geben Feedback und bewerten eigenständig erreichte Ergebnisse. Trotz dieser – bezogen auf die Lerngruppe – weit fortgeschrittenen Entwicklungsphase wird man damit rechnen müssen, dass Selbststeuerungskompetenzen bei verschiedenen Lernenden unterschiedlich ausgeprägt sind. Bei einigen werden sie sich eher auf ganz spezifische Situationen beziehen, bei anderen eher generalisiert sein. Um Missverständnissen vorzubeugen: Der Lehrer ist in dieser Phase nicht völlig überflüssig. Bestimmte Fertigkeiten oder Wissensbereiche werden nach wie vor sinnvoll und effektiv unter Anleitung eines Experten erworben.

Die Lehre in dieser Phase betont die Delegation. Aufgabe der Lehrkraft ist es nicht zu lehren, sondern vielmehr die Fähigkeiten der Lernenden zu kultivieren, zu stützen usw. Er berät die Lernenden bei der Erstellung von Kriterien zur Selbstbewertung (Checkliste, Verlaufsplan, Lern-Karten usw.). Auch kann er regelmäßig an Gruppensitzungen teilnehmen und dort die Reflexion und Bewertung anregen, um so Selbststeuerung und Selbstbewertung weiter zu unterstützen. Der Schwerpunkt des Lernens liegt gleichermaßen auf der Produktivität des Prozesses wie auch der Lernprodukte.

Beispiele:
- Praktika, zeitlich begrenzte Projekte, unabhängige Studien
- von Schülern / Studenten geleitete Diskussionsrunden; der Lehrer / Dozent agiert als Berater
- Schüler- / Studentenzeitungen
- kreatives Schreiben

5.5.2 Prozessorientiertes Lernen nach SIMONS

Wesentliches Merkmal des prozessorientierten Lernens nach SIMONS (1992) ist die schrittweise Verlagerung der Kontrolle von der Lehrperson auf den Lernenden. Man beginnt mit einer stark strukturierten Unterrichtsweise. Zugleich lehrt man die Schüler / Studenten, wie sie selber das Lernen steuern können und müssen. Mit zunehmender Fähigkeit das eigene Lernen zu steuern wird immer mehr Verantwortung auf den Lernenden übertragen. Die Phasen des Ansatzes von SIMONS gleichen weitgehend jenen bei GROW. Darum mag an dieser Stelle ein Überblick zu den Prinzipien des prozessorientierten Lernens genügen (s. *Übersicht 8*).

- Betonung von Lernaktivitäten und Lernprozessen, anstatt ausschließlicher Betonung von Lernergebnissen *(Prozessprinzip)*
- Lernen wird zum Diskussions- / Unterrichtsthema gemacht, damit sich die Lernenden ihrer Lernstrategien und Selbstregulierungsfähigkeiten und der Relation zwischen diesen und den Lernzielen bewusst werden *(Rückbesinnungsprinzip)*
- Der Einfluss affektiv-emotionaler Prozesse auf das Lernen und deren Interaktionen mit kognitiven und metakognitiven Prozessen wird berücksichtigt *(Affektivitätsprinzip)*
- Den Lernenden werden Relevanz und Nützlichkeit der Kenntnisse und Fähigkeiten, die sie lernen sollen, bewusst gemacht *(Nützlichkeitsprinzip)*
- Transfer und Generalisierbarkeit des Gelernten werden explizit im Unterricht berücksichtigt und es wird erwartet, dass sie von selbst auftreten *(Transferprinzip)*
- Lernstrategien und Selbstregulierungsfähigkeit werden längerfristig und im Kontext von Unterrichtsfächern geübt *(Kontextprinzip)*
- Die Lernenden werden explizit darin unterwiesen, wie sie ihr eigenes Lernen überwachen, diagnostizieren und korrigieren können *(Selbstdiagnoseprinzip)*

Übers. 8: Prinzipien des prozessorientierten Lernens

- Der Unterricht wird so gestaltet, dass Lernende aktiv lernen und dass sie konstruktive Lernaktivitäten wählen können *(Aktivitätsprinzip)*
- Die Verantwortung für das Lernen verlagert sich allmählich vom Lehrer zu den Lernenden *(Prinzip des allmählichen Abbaus von Hilfen)*
- Maßnahmen zur Realisierung selbstregulierten Lernens werden mit anderen Betreuern/Bezugspersonen abgesprochen *(Betreuungsprinzip)*
- Kooperationen und Diskussionen zwischen den Lernenden werden im Unterricht aufgegriffen *(Kooperationsprinzip)*
- Neues Wissen wird auf Vorwissen bezogen *(Vorwissenprinzip)*

Übers. 8 (Fortsetzung): Prinzipien des prozessorientierten Lernens

5.5.3 Das Sandwich-Prinzip

Einen in Schule und Erwachsenenbildung vielfach bewährten Ansatz des Lehrens und Lernens stellt das Sandwich-Prinzip dar. Die dort vorherrschenden Überlegungen fügen sich nahtlos in die oben dargestellten Prinzipien des prozessorientierten Lernens ein. Was sind die Merkmale dieser Organisationsform von Unterricht?

Der methodische Ablauf wird so geplant, dass sich – wie bei einem Sandwich – verschiedene ›Lagen‹ ergeben. *Abbildung 11* veranschaulicht diesen Sachverhalt.

So können sich Phasen des aufnehmenden (rezeptiven) Lernens, z. B. gestaltet durch Kurzreferate oder Leittexte, abwechseln mit Phasen der Informationsverarbeitung. Diese kann z. B. als Partnerarbeit, Kleingruppenarbeit, Netzwerk oder Puzzlegruppen organisiert sein. Ziel dieser Phasen ist es, tiefergehendes und vernetztes Denken, Lernen und Problemlösen zu fördern. Wichtig ist, dass die Zahl und Dauer der einzelnen Phasen den individuellen Voraussetzungen der Teilnehmer angepasst wird.

Für die Unterstützung individueller Selbststeuerungspotenziale ist es eine zentrale Frage, wie die Phasen der Informationsaufnahme und -verarbeitung gestaltet sind. Die individuelle Selbststeuerung wird nur dann unterstützt, wenn Lernende in die Lage versetzt werden Lernpfade selbst zu entwickeln und zu verfolgen. Da Unterricht ohnehin nur Anregung zum Lernen sein kann – Lernprozesse müssen bei den Lernenden erfolgen –, ist hier ein Paradigmenwechsel angezeigt: von den Vermittlungsprozeduren zu den Angebotsstrukturen! (vgl. BÖNSCH 1995). *Tabelle 5* zeigt Möglichkeiten der Strukturierung einer Sandwich-Sequenz auf.

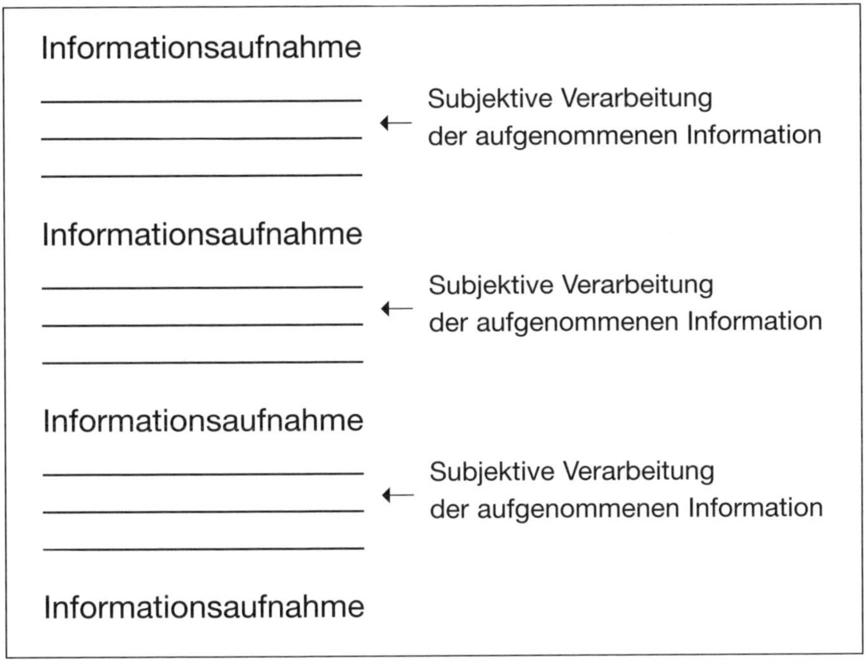

Abb. 11: Das Sandwich-Prinzip

Phase der Motivation/des Informierens; Impulse geben, Angebote machen	Phase der selbstbestimmten Bearbeitung evtl. mit Vermittlung, Austausch und Reflexion
– Ideenangebote – Zielangebote – Materialangebote – Verfahrensangebote – Kooperationsangebote – Zeitangebote – Hilfsangebote	– mediengeleitet/-geführt – planorientiert – medienunterstützt – aufgabenbestimmt – kooperativ entwickelt

Tab. 5: Informationen als Angebotsstrukturen

Wo ist der didaktische Ort der Sandwich-Methode? Die Sandwich-Methode ist dort günstig, wo längere Lernsequenzen (z. B. eine Doppelstunde, ein Halbtag, ein Tag usw.) untergliedert werden sollen.
Die Wirksamkeit des Ansatzes lässt sich theoretisch überzeugend begrün-

den: Der Wechsel von rezeptiver Informationsaufnahme und aktiver Weiterverarbeitung der Information sorgt für eine bleibende Aneignung. Darüber hinaus wirkt sich die ständige Abwechslung in der Beanspruchung günstig auf die Lernmotivierung aus. Das Sandwich verhindert allzu lange Phasen der Präsentation (z. B. lange Vorträge) und überlange Phasen der Einzel- und Gruppenarbeit und beugt damit Ermüdungserscheinungen vor.

Entscheidend für selbstverantwortetes und mitbestimmtes Lernen sind die Phasen der individuellen oder kollektiven Informationsverarbeitung. Entsprechend ihrer Ergebnisse werden sich dann Lernpfade ergeben, die an einem vorgeschlagenen oder selbst erstellten Plan orientiert sind und durch Medien bzw. Materialien unterstützt werden. In Abhängigkeit von Zielen und Anliegen des Unterrichts können diese Phasen unterschiedliche Schwerpunkte setzen (vgl. WAHL et al. 1992).

Mögliche Einzel- oder Gruppenaktivitäten zeigt *Tabelle 6.*

Produktives Tun	Kommunikatives Handeln	Exploratives Handeln
• Informationen nachschlagen/exzerpieren	• Gruppengespräch/Partnergespräch	• Erkundung/Beobachtung
• Arbeitsblätter bearbeiten bzw. herstellen	• Kreis bzw. Doppelkreisgespräch	• Expertenbefragung
• Struktogramme erstellen (Tabelle, Schaubild, Diagramm, Tafelbild)	• Stationengespräch	• Straßeninterview
• Rätsel lösen/herstellen	• Argumentationsspiel	• Fallstudie, Sozialstudie
• Plakat/Wandzeitung/ Flugblatt gestalten	• Freies/fiktives Erzählen bzw. Berichten	• Recherche/Reportage
• Referat/Wochenbericht verfassen	• Vortragen/Präsentieren	• Bibliotheksnutzung
• Lernspiele durchführen bzw. herstellen (Puzzle/ Würfelspiel/Kommentar/ Bericht/Brief schreiben)	• Talkshow, Rollenspiel Pro-und-kontra-Debatte	• Projekt
• Werkstücke anfertigen	• Planspiel	• Praktikum (z. B. Betrieb)
• Gebrauchsgegenstände herstellen	• Hearing/Tribunal	• Exkursionen

Tab. 6: Mögliche Arbeitsinseln

Idealerweise mündet die Arbeit in eine Phase der Ergebnisdarstellung, des Austausches und der Reflexion. Dies muss aber nicht in jedem Fall so sein. In Einklang mit der jeweiligen Konstruktion von Lernprozessen sind vielfältige Formen der Weiterarbeit denkbar (vgl. BÖNSCH 1995).

6 Unterrichtsmethoden selbstgesteuerten Lernens für die Schule

Der Erziehungs- und Bildungsauftrag bestimmt den Unterricht an unseren Schulen. Oberstes Ziel ist dabei die Lernenden zu mündigen und demokratiefähigen Bürgern zu bilden und zu erziehen. Zur Erreichung dieser Ziele sind dem Unterricht bestimmte didaktische Prinzipien zu Grunde gelegt, z. B. Selbsttätigkeit, Offenheit, Individualisierung. Diese didaktischen Prinzipien können durch angeleitete oder selbstgesteuerte Lernprozesse verwirklicht werden. In den angeleiteten Lernformen ist die Lehrperson aktiv; sie setzt die Lernprozesse in Gang, indem sie die Lernenden zum Lernen anleitet und für die Einlösung der Lernziele sorgt. Verwirklichungsformen angeleiteten Lernens finden sich in darbietend-entwickelnden Unterrichtsverfahren, wie. z. B. im Lehrervortrag oder im Rollenspiel.

Bei eher selbstgesteuerten Lernprozessen liegt die Organisation des Lernens weitgehend im Verantwortungsbereich der Lernenden. Sie führen die Lernprozesse eigenverantwortlich durch. Die Lehrenden übernehmen die Position des Helfers oder Beraters. Freiarbeit oder Projektunterricht können als Unterrichtsmethoden angeführt werden, durch die selbstgesteuertes Lernen in der Schule möglich werden kann. Selbstgesteuertes und angeleitetes Lernen müssen als sich gegenseitig bedingende und ergänzende Pole verstanden werden – nur wenn beide Formen realisiert werden, wird Lernen sinnvoll. Die Ausführungen zu den integrierten Ansätzen unterstreichen diese These (s. *Abschnitt 5.5*).

Zwischen diesen beiden Polen gibt es Übergänge, also Unterrichtsmethoden, die sowohl angeleitete als auch selbstgesteuerte Lernformen beinhalten. Hierzu gehört z. B. die Wochenplanarbeit oder der wahldifferenzierte Unterricht. Anleitung und Selbststeuerung halten sich in etwa die Waage. Natürlich beinhalten auch Freiarbeit und Projektunterricht angeleitete Momente, es überwiegt aber deutlich die Selbststeuerung.

Darbietend-entwickelnde Unterrichtsverfahren weisen punktuell ebenfalls selbstgesteuerte Phasen auf, die Anleitung der Lernprozesse steht aber im Vordergrund. All diese Formen und Methoden können fließend ineinander übergehen. Beispielsweise kann es bei der Wochenplanarbeit sehr selbstgesteuert zugehen und in der Freiarbeit kann (phasenweise) die Anleitung dominieren.

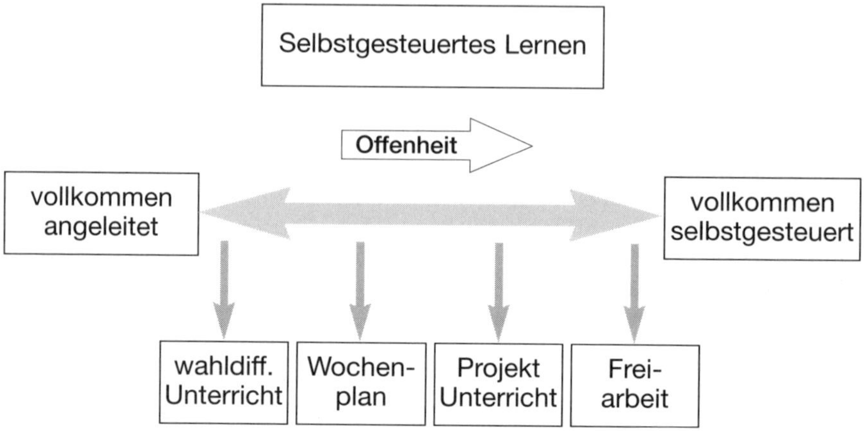

Abb. 12: Verwirklichungsformen selbstgesteuerten Lernens

Die hier aufgezählten Unterrichtsmethoden selbstgesteuerten Lernens bzw. die Mischformen lassen sich allgemein unter dem Begriff des Offenen Unterrichts subsumieren. In der Literatur wird häufig zwischen den Begrifflichkeiten ›offener‹ und ›geschlossener‹ Unterricht unterschieden, wobei der geschlossene, geplante Unterricht häufig eine negative Bewertung erfährt. Beide Begriffe werden in der Literatur nicht genau definiert, es handelt sich eher um Merkmalszuordnungen und um vage Beschreibungen. Wie bereits in *Abschnitt 1.2.4* angedeutet, verwenden wir deshalb die Unterscheidung ›angeleitetes‹ und ›selbstorganisiertes‹ oder ›selbstgesteuertes‹ Lernen.

Offener Unterricht gilt zur Zeit als eines der meist besprochenen Themen in der Pädagogik. Hier werden nun beispielhaft Unterrichtsmethoden vorgestellt, die als Verwirklichungsformen selbstgesteuerter Lernprozesse gelten können. Wir haben uns für die Methoden Wochenplanarbeit, Freiarbeit, wahldifferenzierter Unterricht und Projektunterricht entschieden. Dabei liegt der Schwerpunkt eindeutig auf der Freiarbeit und dem Projektunterricht, weil es sich hier um die klassischen Verwirklichungsformen selbstgesteuerter Lernprozesse handelt (s. *Abbildung 12*). Freiarbeit orientiert sich in hohem Maße am Prinzip der Selbsttätigkeit und Selbstorganisation. Im Projektunterricht finden sich diese Ziele ebenfalls. Darüber hinaus spielt das Prinzip der Handlungsorientierung eine wichtige Rolle. In allen anderen Formen kommt selbstgesteuertes Lernen nur sehr eingeschränkt vor, deshalb werden hier nur noch zwei weitere solcher Formen beschrieben: Wochenplanarbeit und wahldifferenzierter Unterricht. Die Wochenplanarbeit stellt eine Vorstufe der Freiarbeit dar, wahldifferenzierter Unterricht kann als Vorform oder einfachere Form des Projektunterrichts aufgefasst werden. Bei beiden Varianten handelt es sich um die oben als Mischformen bezeichnete Unterrichtsmethoden. Als weitere Verwirklichungsformen selbstgesteuerter Lernprozesse können die Stationenarbeit, der Lernzirkel, die Lernstraße sowie Epochenunterricht und Formen entdeckenden Lernens genannt werden. Es würde aber den Rahmen dieses Buches sprengen, wenn auf alle Formen näher eingegangen würde.

6.1 Wochenplanarbeit

6.1.1 Beschreibung der Wochenplanarbeit

Die Wochenplanarbeit (vgl. VAUPEL 1996) ist historisch in der Reformpädagogik verankert. Unterschiedliche reformpädagogische Überlegungen finden im Konzept des Wochenplans ihren Niederschlag. Das »Selbsttätig-Sein« Hugo GAUDIGS oder Georg KERSCHENSTEINERS ist in Ansätzen im Wochenplan ebenso enthalten wie der individualistische Ansatz MONTESSORIS oder die Pädagogik FREINETS. Der Wochenplan soll die Lernenden zur Selbstständigkeit hinführen. Sie erlernen im Wochenplan Fähigkeiten, Probleme und Aufgaben selbstständig, zielorientiert und sachgerecht zu bearbeiten. Dabei können und müssen sie soziale Beziehungen aufbauen und lernen ihre Arbeitsaufgabe eigenständig zu organisieren und durchzuführen. Genauigkeit, Zielstrebigkeit und systematisches Vorgehen werden ebenfalls geübt. Diese Fähigkeiten sind allesamt Bestandteile des didaktischen Prinzips Selbstständigkeit. Die Fähigkeiten werden im Wochenplan immer weiter ausdifferenziert und verbessert, sodass sich im Laufe dieses Prozesses die Wochenpläne in ihrem Anspruchsniveau verändern müssen.

Die Wochenplanarbeit impliziert vor allem die Möglichkeit der Binnendifferenzierung. Ihr liegt die Erkenntnis zu Grunde, dass nicht alle Kinder zur gleichen Zeit die gleichen Aufgaben bewältigen, also gleiche Lernschritte durchführen können. Die innere Differenzierung ermöglicht es, eine individuelle Anpassung an jeden Lernenden zu vollziehen. Dies kann bezogen auf Inhaltsfragen, Schwierigkeitsstufen und Umfang der Aufgaben geschehen.

In der Wochenplanarbeit bearbeiten die Lernenden innerhalb eines bestimmten Zeitraums (meist eine Woche) bestimmte Arbeitsaufträge, die in einem individuellen Plan von der Lehrperson zusammengestellt wurden. Dieser Plan kann sich auf ein Fach beziehen oder aber mehrere Fächer betreffen. Im Wochenplan lassen sich drei Aufgabentypen unterscheiden:

1. Pflichtaufgaben
Es handelt sich hier um Aufgaben, die von allen Lernenden innerhalb einer bestimmten Zeit bearbeitet werden müssen. Die Inhalte dieser Aufgaben stellen in Anlehnung an den Stoffverteilungsplan dieser Woche den Grundstock an Kenntnissen und Fertigkeiten dar. Sie genügen in der Regel den Ansprüchen der Lehrpläne und der allgemein verbindlichen Richtlinien.

2. Wahlaufgaben
Hier haben die Lernenden die Möglichkeit, aus verschiedenen Aufgaben auszuwählen. Es gibt immer mehrere Alternativen, wobei eine bestimmte Anzahl an Alternativen bearbeitet werden muss. Die Wahl besteht nur zwischen einzelnen Aufgabentypen, nicht darin, ob überhaupt eine Aufgabe dieser Art gelöst werden soll. Durch diesen Bereich sollen die Lernenden zusätzliche Qualifikationen erwerben und ihren Neigungen nachgehen können. Hier kann auch die Binnendifferenzierung ansetzen. Schnellere und schwächere Lerner können hier bereits nach Schwierigkeit und Umfang differenzierende Aufgaben erhalten.

3. Zusatzaufgaben
Diese Aufgaben sind freiwillig. Sie werden meist eigenständig, in Absprache mit der Lehrperson, festgelegt. Es werden vor allem zusätzliche Interessen berücksichtigt. Hier greift auch die innere Differenzierung, da schnellere Schülerinnen und Schüler in diesem Bereich weiter gefördert werden können. Aber auch schwächere Lerner können hier individuell gefördert werden, da ihnen – ihrem Lernvermögen entsprechend – Zusatzaufgaben angeboten werden können.

In der Regel sollten die Lernenden ihre Ergebnisse mit Hilfe von Lösungsblättern selbst überprüfen. Im Anfangsstadium kann die Lehrperson die Resultate nachkontrollieren. Wenn in einer Klasse fächerübergreifend unterrichtet wird, kann der Wochenplan auch fächerübergreifende Aufgaben als vierten Schwerpunkt enthalten.

Selbstgesteuertes Lernen kommt im Wochenplan immer dann zum Tragen, wenn die Lernenden aus einem Übungsangebot Themen auswählen können, die Reihenfolge der zu bearbeitenden Aufgaben selbst bestimmen, sich ihre Zeit selbst einteilen, sich selbst einen Arbeitsplatz und einen Partner suchen und selbst entscheiden können, ob und wann sie die Hilfe der Lehrperson oder anderer Lernender in Anspruch nehmen möchten. Dadurch ist die frontale Lernsituation teilweise aufgehoben.

Die Aufgaben der Lehrpersonen im Wochenplan lassen sich drei Phasen zuordnen:

1. Im Vorfeld

müssen sie sich Themen überlegen und Aufgaben formulieren, d.h. die Wochenpläne erstellen, die Zeiten dafür festlegen und die Organisation der Wochenplanarbeit durchführen. Dazu gehört auch eine Integration der Wochenplanarbeit in den normalen Unterricht.

2. Zu Beginn der Wochenplanarbeit

führt die Lehrkraft in den Wochenplan ein (Morgenkreis), während der Arbeit mit den Wochenplänen beobachtet und berät sie die Lernenden, gibt Hilfestellung und kontrolliert die Wochenpläne.

3. In der Nachbereitung

reflektiert die Lehrperson über den Ablauf der Wochenplanarbeit und darüber, was für einzelne Lernende in der nächsten Woche wichtig ist. Die Nachbereitung fließt also bereits wieder in die Vorbereitung des nächsten Wochenplans ein.

Wesentlich ist, dass die Lehrerinnen und Lehrer die Durchführung der Wochenplanarbeit gut vorbereiten. Dazu gehört einmal das Besorgen und Herstellen bestimmter Materialien für die Aufgaben, sodass diese abwechslungsreich und motivierend sind. Außerdem muss im Klassenzimmer eine Lernumgebung geschaffen werden, in der den Lernenden das Material frei zugänglich ist und in der sich die Lernenden in entsprechende Ecken zurückziehen können (Lese-, Spielecke usw.). Gemeint ist eine Lernumgebung, in der sich die Kinder wohlfühlen können. Lern- und Arbeitstechniken müssen mit den Kindern eingeübt werden. Dies reicht von Organisations- und Kommunikationsregeln bis zum Erlernen bestimmter Techniken, die die Kinder zur Bewältigung der Aufgaben benötigen.

Neben dem relativ großen Aufwand, der mit der Wochenplanarbeit verbunden ist, gibt es weitere Probleme. Der Wochenplanarbeit wird häufig eine Pseudo-Freiheit unterstellt, da die Pflichtprogramme meist überwiegen. Diese können einzelne Kinder stark unter Druck und Zeitnot setzen. Ferner ist daran zu denken, dass Konkurrenzdenken entstehen kann, wenn einzelne Kinder schneller fertig sind als andere. Diese Schwierigkeiten können aber meist durch Reflexions- und Metagespräche mit den Lernenden gelöst werden. Das Problem des großen Arbeitsaufwandes relativiert sich, wenn man bedenkt, dass die Lehrenden während der Wochenplanarbeit wesentlich mehr Freiräume und Handlungsspielräume zur Verfügung haben und sich auch über gewisse Zeit aus dem Unterrichtsgeschehen zurücknehmen können.

Festzuhalten bleibt, dass durch die Wochenplanarbeit nur bedingt selbstgesteuert gelernt wird. Zwar beteiligen sich die Lernenden initiativ oder gestaltend an ihrem Lernprozess, doch führen sie das aus, was die Lehrpersonen vorgeben. Entscheidungsfreiräume haben sie nur hinsichtlich der Reihenfolge der Bearbeitung, der Zeiteinteilung, des Ortes und der Wahl von Sozialformen. Trotzdem kann der Wochenplan als Weg in Richtung der Selbstständigkeit bewertet werden. Dies gilt umso mehr, als aus dem Unterricht kein Geheimnis gemacht wird, sondern die Lernenden genau wissen, was von ihnen erwartet wird. Sie erhalten einen Überblick über die Inhalte und die Arbeitsmittel, die in einer Woche für sie wichtig werden.

Von einer weiterführenden Variation kann die Rede sein, wenn Wahlaufgaben und Zusatzaufgaben zunehmend im Wochenplan auftauchen und das Pflichtprogramm zurückgenommen wird. Damit untrennbar verbunden sind Veränderungsprozesse seitens der Lehrenden, die sich immer mehr auf diese neue Unterrichtsform einlassen und mit ihr wachsen können. So kann Schritt für Schritt eine Überleitung zur Freiarbeit durchgeführt werden. Die Wochenplanarbeit kann sowohl als eigenständige Unterrichtsmethode wie auch als Vorform für Freiarbeit betrachtet werden. Wie Wochenplanarbeit langsam in Freiarbeit übergehen kann, soll im nächsten Abschnitt beschrieben werden.

6.1.2 Beispiel für einen Wochenplan

In einer dritten Grundschulklasse erhielten die Schülerinnen und Schüler am Montag im Anschluss an den Morgenkreis einen Wochenplan (s. *Abbildung 13*).

Wochenplan für die Woche vom .... bis .... Name: ....

	Pflicht	*Wahl*	*fertig am*	*Kontrolle*
Mathe	Buch S. 20, Aufg. 3 und 4	Lük-Kasten oder Arbeitsblatt 5 oder Partnerarbeit: Einmaleins		
Deutsch	Sprachbuch S. 17 Nr. 4 Lesestück lesen	Übungssätze Nr. 4 oder beliebiges Lesestück oder Lük-Kasten		
Heimat- und Sachunterricht	Arbeitsblatt Nr. 3	Partnerübung aus Freiarbeitskartei Nr. 7 oder Buch: Was ist was?, Nr. 3 oder Gruppe: Lernspiel, HUS Nr. 1		

Abb. 13: Beispiel für einen Wochenplan

Bei dem hier ausgeführten Beispiel handelte es sich um eine Klasse, die noch wenig Erfahrung mit Wochenplänen hatte. Deshalb gab es auch noch keine Zusatzaufgaben, sondern nur Wahl- und Pflichtaufgaben. Diese wurden mit der Klasse gemeinsam besprochen um sicherzustellen, dass alle Kinder wussten, welche Aufgaben sie machen mussten und zwischen welchen sie wählen konnten.

Diese Erklärungsrunde wurde mit zunehmender Erfahrung und Kompetenz der Schülerinnen und Schüler immer mehr zurückgenommen. Neben den Schulbüchern befanden sich im Klassenzimmer eine Leseecke mit Kinder- und Sachbüchern und eine Spieleecke, in der neben Gesellschaftsspielen auch die Lernspiele aufbewahrt wurden. An der rechten Seite des Klassenzimmers befanden sich Regale, auf denen zusätzliche Materialien standen, z. B. die Lük-Kästen (Arbeitsmaterial für verschiedene Fächer, die jeweils eine Selbstkontrolle beinhalten), Ordner mit Arbeitsblättern, Partner- und Gruppenübungen. Diese waren nach Fächern sortiert. Die Kinder wussten, wo sich die Materialien befanden.

In unserem Beispiel hatten alle Kinder den gleichen Wochenplan. Differenzierungsmaßnahmen konnten noch zusätzlich erfolgen; diese wurden mit den Kindern einzeln abgesprochen. Im Kreis besprach die Lehrerin mit ihren Schülerinnen und Schülern den Plan. Zunächst ging sie auf das Fach Mathematik ein. Alle schlugen die Pflichtaufgabe auf und die Lehrerin erklärte kurz, wie an diese Aufgabe herangegangen werden kann. Die Wahlaufgaben stellte sie nochmals kurz vor, um sicher zu sein, dass alle Kinder wussten, zwischen welchen Materialien gewählt werden durfte.

Danach wurde die Anzahl der Stunden für den neuen Wochenplan festgelegt. In der Regel handelte es sich um vier Unterrichtsstunden, die relativ regelmäßig für Wochenplanarbeit verwendet wurden. Die Zeitpunkte blieben ebenfalls stabil, kleine Änderungen ergaben sich durch schul- oder klassenorganisatorische Maßnahmen. Die Wochenplanzeiten wurden sichtbar im Klassenzimmer auf ein Plakat geschrieben. In dieser Zeit arbeiteten die Kinder frei an ihren Wochenplänen. Hatten sie eine Aufgabe bearbeitet und eigenständig kontrolliert, wurde sie von der Lehrerin nachgeprüft und abgezeichnet. Hier fanden dann auch individuelle Absprachen statt, was die Kinder noch tun könnten. Vor allem wurde auch Wert auf den Aufbau eines Helfersystems gelegt. Am Freitag in der letzten Stunde fand schließlich ein Reflexionsgespräch statt, in dem die Kinder über ihre Arbeiten berichteten, ihre Probleme beschrieben und bestimmte Ergebnisse vorstellten. So erhielt die Lehrerin Einblick in die Arbeit der Kinder und konnte den neuen Wochenplan danach ausrichten. Ziel sollte es sein, die Pflichtaufgaben mehr und mehr zurückzunehmen und durch Wahl- bzw. Zusatzaufgaben zu ersetzen.

6.2 Freiarbeit

6.2.1 Definitionen in der Literatur

Freiarbeit ist eine Unterrichtsmethode, die neben Merkmalen selbstgesteuerten Lernens (z. B. Wahlfreiheit) auch Merkmale sozialen und kooperativen Lernens aufweist. Obwohl der Terminus ›Freiarbeit‹ in aller Munde ist, ist eine einheitliche Definition nicht in Sicht. Viel zu vielschichtig ist die gängige Praxis, viel zu komplex sind aber auch die historischen Ansätze, an der sich die heutige Freiarbeit oder Freiarbeitsformen orientieren. Mit diesen historischen Ansätzen ist vor allem die Zuordnung des Freiarbeitsverständnisses zur reformpädagogischen Bewegung gemeint. Je nachdem, ob man sich mehr der *Montessori-*, der *Petersen-* oder auch der *Arbeitsschulbewegung* anschließt, wird Freiarbeit anders verstanden und deshalb auch unterschiedlich definiert.

Vertreter der *Montessori-Pädagogik* verstehen die Freie Arbeit als Unterrichtsprinzip, das den Bedürfnissen nach selbstständigem Erwerb von Fähigkeiten am meisten gerecht wird. Dieser aktive Erwerb ist ein zentrales Moment in der Montessori-Pädagogik, weil hier von einem »von Gott gegebenen inneren Bauplan« ausgegangen wird, durch den dieser Erwerb gelenkt wird. Eine vorbereitete Lernumgebung und didaktisch aufbereitete Materialien sollen den selbstständigen Erwerb von Fähigkeiten möglich machen. Gestaltungsspielräume liegen dabei hinsichtlich der Materialien und der Wahl der Sozialform vor. Der methodische Weg ist allerdings vorgegeben.

Auch die *Freinet-Pädagogik* begreift Freie Arbeit als Unterrichtsprinzip. Sie vollzieht sich meist im Rahmen eines Wochenplans. Wahlfreiheit wird in diesem reformpädagogischen Konzept vorzugsweise bezüglich der Sozialform realisiert. Vertreter des *Jena-Plans* weisen der Freien Arbeit vor allem eine wichtige Funktion innerhalb der Gruppenarbeit zu. Themen können in freier Kooperation eigenständig bearbeitet werden. Freie Arbeit findet darüber hinaus am Ende der Woche als individuelle Arbeitsphasen statt. Im in Deutschland weniger bekannten *Dalton-Plan* werden freie Arbeitsphasen zum individualisierten Wissenserwerb genutzt, der in Monatspensen festgelegt und beschrieben ist.

Gemeinsam ist allen Konzepten die Bedeutung von Lern- und Arbeitstechniken, die bereits im Vorfeld der Freiarbeit eingeübt und ständig erweitert werden müssen.

Die skizzierten, zum Teil sich überschneidenden, zum Teil sich widersprechenden Auffassungen in den reformpädagogischen Konzepten sollen nun zu einem einheitlichen Freiarbeitsverständnis zusammengeführt werden. Da die begrifflichen Auffassungen weit auseinandergehen, ist dies allerdings kein leichtes Unterfangen. So besteht nicht einmal Einigkeit darüber, ob die Ideen der reformpädagogischen Richtungen in Reinform übernommen und dargestellt werden müssen oder ob einzelne Ideen herausgegriffen und zu einem neuen Verständnis von Freiarbeit zusammengebracht werden dürfen. Je nachdem welche Meinung hier vertreten wird, kommt ein unterschiedliches Verständnis von Freiarbeit zu Stande.

Ulrich HECKER (o. J.) sieht in allen Freiarbeitskonzeptionen einen Freiraum darin, den Lernenden Gelegenheit zu selbstständiger Arbeit nach eigener Wahl und eigenem Rhythmus in selbstgewählten Sozialformen zu geben. HECKER unterscheidet

- zwischen Formen der Freiarbeit innerhalb des Fachunterrichts mit fachbezogenen Inhalten,
- Freiarbeit mit Wochenplänen und
- Freiarbeit als Zeitraum, den die Lernenden in eigener Regie gestalten können.

HECKER zeigt hier einen komplexen Freiarbeitsbegriff auf, fast alle freieren Arbeitsformen werden unter diesem Begriff subsumiert.

Ingrid AHLRING (1995) nähert sich dem Begriff Freiarbeit kritischer an. Sie unterscheidet zwischen verordneter und selbst gewählter Arbeit. Freiarbeit bezeichnet den Teil selbst gewählter Arbeit. Durch einen Prozeß des Lernens kann Selbstständigkeit erreicht werden. Durch Freiarbeit können Lernende schrittweise zu selbstständigem Arbeiten gebracht werden. Außerdem leistet Freiarbeit einen wichtigen Beitrag zum sozialen Lernen.

Auch BÖNSCH (1995) unterteilt Freiarbeit in die zwei Bereiche Freiheit und Arbeit. Unter Arbeit wird meist aufgegebene, zur Pflicht gemachte Arbeit verstanden, die in einem bestimmten Rahmen erledigt werden muss. Freiheit ist eher mit Interesse, Hobby und Freizeit verbunden. Unter Freiarbeit versteht BÖNSCH selbstverantwortetes, selbstbestimmtes Lernen, das neben dem verordneten Lernen einen größeren Stellenwert bekommen soll. Dabei können Lerninhalt und Methode selbst festgelegt werden, nur der Zeitrahmen bleibt vorgegeben. BÖNSCH rechnet zur Freiarbeit die vier Teilkonzepte

- wahldifferenzierter Unterricht,
- Wochenplanarbeit,
- Freies Arbeiten und
- Projektarbeit.

Bei allen Definitionen wird besonderer Wert auf die Arbeit im Sinne einer selbstbestimmten Arbeit gelegt. Freiheit wird hier als Selbstbestimmung aufgefasst.

SEHRBROCK (1993) weist dem Bereich der Arbeit im Zusammenhang mit einer Produktorientierung große Bedeutung zu. Er bezieht sich dabei vor allem auf die Werkvollendung nach Freinet. Dazu gehört auch die Fertigstellung einer Arbeit und die Vorstellung vor der Gruppe. Freiarbeits- und Projektbegriff gehen bei SEHRBROCK stark ineinander über. Er sieht Freiarbeit im Vergleich zur gebundenen Arbeit. Durch die Zunahme an Freiarbeit im Unterricht nimmt die gebundene Arbeit ab. SEHRBROCK unterscheidet zwischen verschiedenen Organisationstypen von Freiarbeit:

1. Organisationstyp
Freiarbeit als klassisches Unterrichtsfach, das vom Klassenlehrer unterrichtet wird und in dem die Lernenden die Inhalte selbst bestimmen können.

2. Organisationstyp
Freiarbeit als didaktisches Prinzip innerhalb bestimmter Unterrichtsfächer. Innerhalb eines Unterrichtsfaches werden Phasen freier Arbeit integriert.

3. Organisationstyp
Freiarbeit als didaktisches Prinzip, das den gesamten Unterricht einer Schule durchzieht und hier im Zentrum steht.

Ähnlich wie SEHRBROCK unterscheidet auch JÜRGENS (1995) zwischen verschiedenen Einsatzmöglichkeiten von Freiarbeit. Freiarbeit wird als eine Möglichkeit aufgefasst, in festgelegten Stunden Dinge tun zu können, die im gemeinsamen Unterricht nicht vorkommen. Hier geht es vor allem um das Aufgreifen von Inhalten, die sonst nicht behandelt werden und einen hohen Aufforderungscharakter besitzen. Als zweite Möglichkeit sieht JÜRGENS Freiarbeit als integrierten Bestandteil des gesamten Unterrichts, der nicht beschränkt ist auf zeitliche Dauer oder gesondert ausgewiesene Stunden. Freiarbeit wird damit zum Unterrichtsprinzip.

Hermann SCHULZE (1993) erkennt die Freiarbeit als Baustein des offenen Unterrichts. In dieser Sicht von Freiarbeit bestimmen die Lernenden die Ziele und Gegenstände ihres Lernens selbst. Außerdem entscheiden sie selbst über ihre Arbeitspartner, die Sozialform und über ihren eigenen Lernrhythmus. Freies Arbeiten kann dabei individuell oder kooperativ durchgeführt werden. Die Lehrkraft nutzt die verfügbare Zeit indem sie beobachtet, hilft und Freiarbeitsordner korrigiert. Eigene Entscheidungen auf Grund des Interesses können getroffen werden und werden auch selbst verantwortet.

Da Freiarbeit als Prozess angesehen wird, müssen sich Lehrende und Lernende langsam darauf einlassen. Lern- und Arbeitstechniken müssen eingeübt, Verantwortung zunehmend übernommen, Freiräume sinnvoll ausgenutzt werden. Das Lernangebot innerhalb der Freiarbeit sollte Bezüge zu anderen Unterrichtsinhalten haben, es sollten aber auch Angebote bestehen, die unabhängig vom Unterrichtsthema bearbeitet werden können. So lassen sich verschiedene Inhalte von Freiarbeit unterscheiden, die von fachbezogenen Angeboten über Projekte, Schließen von Lernlücken, eigene Themenentwicklungen bis hin zu Lernspielen reichen können. KRIEGER (1994) beschreibt einen ähnlichen Freiarbeitsbegriff:

> »Die Freiarbeit ist eine Organisationsform von Unterricht, in der die Schülerinnen und Schüler frei arbeiten können. Sie gewährt größtmögliche Freiheit zu spontaner, selbstbestimmter schulischer Arbeit in einer pädagogisch gestalteten Umgebung und innerhalb klar definierter, akzeptierter Rahmenbedingungen (Gemeinschaftsregeln, Zielsetzungen, Zeit, Raum, Arbeitsmaterialien, Methoden, Techniken u. a.). Bewegungsfreiheit, Wahlfreiheit in bezug auf Arbeitsthema und Arbeitsmaterial und Entscheidungsfreiheit über Reihenfolge, Zeit und Sozialform sind ihre charakteristischen Merkmale. Die Freiarbeit ergänzt den ›gebundenen‹ Unterricht. Sie ist ein integriert reformpädagogisches Konzept einer schülerorientierten, binnendifferenzierenden Gestaltung von Unterricht und das Ergebnis einer (methodisch-didaktisch) stufenweisen Heranführung an die selbständige, schulische Arbeit.« (KRIEGER 1994, S. 201).

Damit in der Freiarbeit nicht jeder tun und lassen kann, was er will, gibt es eine vorbereitete Lernumgebung, in der bestimmte Rahmenbedingungen dominieren. Dazu gehört didaktisch aufbereitetes Material, das den einzelnen Schülerinnen und Schülern gerecht wird sowie Freiarbeitsschränke, Arbeitsecken und gemeinsam erarbeitete Regeln, an die sich die Schülerinnen und Schüler zu halten haben.

Freiarbeit kennzeichnet die Unterrichtsstunden, für die freies Arbeiten vorgesehen ist; sie kann gesondert ausgewiesen werden neben dem gebundenen Unterricht oder nach pädagogischer Notwendigkeit durchgeführt werden. Sie soll unterrichtsbegleitend sein, wobei ihre erzieherische Funktion vor allem in der Selbsterfahrung im sozialen, pragmatischen und emotionalen Bereich besteht. Damit begreift KRIEGER Freiarbeit als ein ganzheitliches Konzept einer Erziehung zur Selbstständigkeit.

ZIMMERMANN (1994) betont im Begriff Freiarbeit ebenfalls die »Freiheit zu etwas«. Die Lernenden bestimmen ihre Lernumgebung selbst, ebenso wie den Lerninhalt, das Lerntempo, die Arbeitsmittel, die Sozialform und den Arbeitsplatz. Zimmermann unterscheidet auch zwischen »fachgebundener« und »fächerübergreifender«, zwischen »stiller und kommunikativer Freiarbeit«. ›Fachgebunden‹ bedeutet, dass sich die Wahlfreiheit nur auf ein Fach, ›fächerübergreifend‹ heißt, dass sich die Wahlfreiheit auf alle oder mehrere Fächer bezieht. Bei der ›stillen‹ Freiarbeit ist nur Einzelarbeit, bei der ›kommunikativen‹ Freiarbeit sind auch andere Sozialformen zugelassen.

Abgesehen von den gerade genannten Sonderformen der Freiarbeit stimmen die Autoren in wesentlichen Punkten überein. Freiarbeit stellt in allen Fällen einen Raum dar, in dem die Lernenden mehr oder weniger Komponenten bzw. Phasen des Unterrichts selbst bestimmen können. Dies stellt den Rahmen für die Unterrichtsmethode Freiarbeit dar. Wie dieser Rahmen im Einzelnen gefüllt wird, bleibt dem Lehrenden überlassen. Einzelentscheidungen müssen in Bezug zur eigenen Klasse, zur persönlichen Einstellung gegenüber Freiarbeit und auch zur allgemeinen Schulsituation getroffen werden.

6.2.2 Eigene Definition

Wie aus den vorstehenden Ausführungen hervorgeht, kann es das Verständnis von Freiarbeit nicht geben. Es existiert allenfalls ein allgemein gültiges Fundament, auf dem verschiedene Variationen von Definitionen aufgebaut werden können. Es bleibt den Praktikern überlassen, sich aus der Fülle der Beispiele und Beschreibungen ihr eigenes Konzept von Freiarbeit zusammenzustellen und dieses in der Praxis zu erproben.

Freiarbeit kennzeichnet eine bestimmte Unterrichtszeit, in der die Schülerinnen und Schüler ihre Arbeit selbst planen, einteilen und eigenverantwortlich durchführen. Im gegebenen Zeitrahmen stehen ihnen verschiedene Materialien zur Verfügung, die der Lehrer didaktisch aufbereitet hat oder die gemeinsam mit den Schülerinnen und Schülern hergestellt wurden. Diese betreffen bestimmte Inhalte, die in einem Bezug zum Unterricht stehen, aber auch auf zusätzliche Interessengebiete abzielen können. Jeder wählt nun ›sein‹ Material aus, bearbeitet es und kontrolliert seine Ergebnisse. Dann stellt er sein Material zurück und wendet sich einem neuen zu. In dieser Zeit sind die Fachgrenzen in der Regel aufgehoben, d.h. die Schülerinnen und Schüler können Materialien aus verschiedenen Fächern bearbeiten und sind nicht an einzelne Fachinhalte gebunden. Die Materialien stellen verschiedene Angebote dar, aus denen die Schülerinnen und Schüler auswählen können. Somit haben sie einen Freiraum, den sie durch selbstständiges Arbeiten nach eigener Wahl und eigenem Rhythmus ausnutzen können. Dabei sagt ihnen auch niemand, mit wem, wann, wie oder welche Arbeit sie auszuführen haben.

Formen des freien Arbeitens motivieren die Lernenden (s. *Kapitel 4* und *5*) und lassen sie gemäß ihren Bedürfnissen und Interessen aktiv werden. Lernlücken können geschlossen, Unterrichtsstoffe wiederholt werden. Durch die Selbstbestimmung stellt die Freiarbeit eine stark differenzierende und individualisierende Lernform dar. Darin unterscheidet sich die Freiarbeit auch vom herkömmlichen Unterricht. Dort ist es kaum möglich zu differenzieren, sondern alle machen in der vorgegebenen Zeit das gleiche. Die damit verbundenen Probleme sind offenkundig, da eben nicht alle Kinder zur gleichen Zeit den gleichen Wissensstand erreichen.

Wie bereits angedeutet, dient Freiarbeit als Unterrichtsmethode sowohl dem Üben, Festigen und Wiederholen als auch dem selbstständigen Weiterführen von Inhalten. Beim Üben, Festigen und Wiederholen lernen die Schülerinnen und Schüler anhand vorstrukturierter, methodisch-didaktisch aufbereiteter Materialien auf individuellem Wege. Sie können z. B. Themengebiete, die sie noch nicht ganz verstanden haben, wiederholen und üben, sie sich nochmals erklären lassen oder ergänzende Übungen dazu erledigen, wenn sie das Gefühl haben noch nicht ganz sicher in diesem Bereich zu sein.

Beim selbstständigen Weiterführen von Inhalten können sie in Büchern nachschlagen, sich in besondere Themengebiete einarbeiten, diese aufarbeiten und sie anschließend ihren Mitschülern präsentieren. Hier wird besonders auf das Interesse der einzelnen Schülerinnen und Schüler eingegangen, was günstige Auswirkungen auf die Motivation der Lernenden haben kann.

Eine wichtige Bedingung für das Gelingen der Freiarbeit ist deren variable Anwendung. Jede Klasse braucht ein auf sie abgestimmtes Freiarbeitskonzept, das sich an den je individuellen Voraussetzungen der Klasse orientiert. Freiarbeit darf aber nicht zu einer Unterrichtsmethode verkommen, die zur Füllung überflüssiger Zeit verwendet wird. Ebensowenig darf Freiarbeit als das Allheilmittel gegen Schulunlust, Frust oder Disziplinschwierigkeiten gesehen werden. Freiarbeit löst für sich genommen sicher keine Schulprobleme. Freiarbeit stellt eine Methode neben anderen dar, um selbstgesteuertes Lernen in der Schule zu ermöglichen.

6.2.3 Umsetzung von Freiarbeit in die Praxis

Freiarbeit darf nicht losgelöst vom herkömmlichen Unterricht eingesetzt werden, sondern muss mit diesem verknüpft werden. Ansonsten läuft sie Gefahr, in die Isolation abgedrängt zu werden und damit die mit ihr verbundenen Zielsetzungen nicht mehr zu erreichen. Nur in Verbindung mit anderen Unterrichtsmethoden, z. B. Projektunterricht, oder Sozialformen wie Gruppenarbeit und Partnerarbeit sind die Zielsetzungen der Freiarbeit mit den allgemeinen Erziehungs- und Bildungszielen vereinbar. Nur so wird sie für die Lernenden zu einem integrierten Bestandteil von Unterricht und damit als sinnvolle und wichtige Methode wahrgenommen. Den Lernenden kann nicht zugemutet werden, sich während eines Vormittags auf vollständig unterschiedliche Konzepte und Lernweisen einzulassen, sie müssen ihren Weg des Lernens finden, was am besten durch die Verbindung verschiedener Unterrichtsformen geschehen kann. Ansonsten geht die Einheit des Unterrichts für die Lernenden verloren. Sie können dann Unterricht nicht mehr als konsistent erleben und Freiarbeit wird zu einem Risikofaktor.

Ganz wichtig bei der Umsetzung von Freiarbeit in die Praxis ist die Einsicht, dass sich Lehrende und Lernende auf einen Freiarbeitsweg machen und gemeinsam diesen Weg Schritt für Schritt bewältigen müssen. Für Freiarbeit spielen vor allem Kompetenzen im Methoden-, Sozial- und Gesprächsbereich eine Rolle. Diese werden durch Freiarbeit erweitert und verfeinert. Je nachdem, welche Voraussetzungen in einer Klasse gegeben sind, kann mit engeren oder weiteren Freiarbeitskonzepten begonnen werden. Zu diesem Entwicklungsprozess der Freiarbeit gehört auch, dass die Lernenden Schritt für Schritt von eher geschlossenen Unterrichtsformen zu eher offenen geführt werden müssen. Die Spannungspole der unterschiedlichen Konzepte müssen von den Lernenden langsam überwunden werden. Wir verweisen hier auf *Abschnitt 5.5*, der entsprechende psychologische Modelle behandelt.

In herkömmlichen Unterrichtsmethoden bestimmen meist Anleitung, Bindung und Kontrolle das Unterrichtsgeschehen. Die Lehrkraft übernimmt die Lenkung und Leitung der Schülerinnen und Schüler. Diese Art der Bindung fängt mit Beginn der Schulzeit an und festigt sich mit zunehmender Schulerfahrung. Trotz der überwiegend kritischen Bewertung spielen diese Komponenten im Unterricht eine wichtige Rolle. Allerdings bedürfen sie der Ergänzung durch selbstbestimmende Komponenten, um Lernende zu eigenständigem Lernen zu befähigen. Freiarbeit mit ihren Zielsetzungen der Selbstständigkeit und des eigenverantwortlichen Lernens und Handelns kann hierzu einen Beitrag leisten. Statt Bindung an Anweisungen sind jetzt die eigene Einschätzung und Freiheit gefordert, statt aufgezwungener Arbeit soll Arbeit selbst organisiert werden und statt ständiger Außenkontrolle ist Eigenkontrolle und Selbstreflexion gefordert. Da der Lernende dies nicht auf einmal leisten kann, wird mit Freiarbeit ein Prozess in Gang gesetzt, durch den langsam die eingeforderten Ziele erreicht werden. Die Lernenden müssen dabei im Mittelpunkt stehen. Dies macht ein Freiarbeitskonzept notwendig, bei dem die Lernenden weder unter- noch überfordert werden.

Die Einführung von Freiarbeit erfordert viel Geduld, alle müssen zu ständigen Veränderungen bereit sein, damit ein passendes Konzept entwickelt werden kann. Man muss auch die Mehrarbeit in Kauf nehmen, die die Einführung von Freiarbeit erfordert. Freiarbeit kann dann zu einer echten Bereicherung des Unterrichts werden. Will eine Lehrkraft mit einer Klasse Freiarbeit durchführen, dann muss zunächst einmal analysiert werden, über welche Voraussetzungen im Methoden-, Sozial- und Kommunikationsbereich die Lernenden verfügen. Welche Unterrichtsformen sind sie gewohnt, mit welchen Dingen können sie selbstverständlich umgehen, wo gibt es für sie Ungewohntes? Befinden sich die Lernenden hier ganz am Anfang, verfügen sie also noch über sehr wenige Lern- und Arbeitstechniken sowie über wenige Erfahrungen mit verschiedenen Sozialformen, dann bietet es sich an zunächst einmal solche Lern- und Arbeitstechniken einzuüben und immer wieder verschiedene Sozialformen im Unterricht einzusetzen. Einleitende Schritte sind unbedingt notwendig, da sonst die Lernenden beim Treffen von Entscheidungen, wie sie in der Freiarbeit gefordert sind, überfordert werden. Man kann sich nur zwischen verschiedenen Lern- und Arbeitsformen entscheiden, wenn man über verschiedene solcher Techniken verfügt. Ist diese erste Stufe mit der Klasse erreicht, dann kann mit anderen freieren Arbeitsformen wie Lernzirkel, Stationenarbeit oder auch mit Hilfe des Wochenplans weiter auf Freiarbeit vorbereitet werden. Es ist auch möglich, mit einem Konzept von Freiarbeit einzusteigen, das eingegrenzte Freiräume vorsieht. Einige Entscheidungen sind durch die didaktische Aufbereitung des Materials vorgegeben.

Denkbar wäre auch mit wenig Freiarbeit in der Woche zu beginnen und die Stundenzahl später langsam zu erhöhen. In anderen – eher direktiv gestalteten – Stunden kann dann das Methodenrepertoire der Lernenden erweitert werden. Viele Reflexionsgespräche über den Sinn von Freiarbeit und das langsame Gewöhnen an diese Methode erlaubt es den Pflichtteil weiter zu reduzieren und den Wahlanteil zu vergrößern. Für die Herstellung der Materialien bedeutet dies, dass sie didaktisch weniger aufbereitet werden müssen und mehr Freiheiten offen lassen. Wie solche Materialien genau beschaffen sein können, wird im nächsten Abschnitt beschrieben.

Klassen, die bereits über ausreichende Kompetenzen verfügen, können mit einem offeneren Freiarbeitskonzept beginnen. Es ist also nicht zwingend, alle Phasen zu durchlaufen; stattdessen ist darauf zu achten, dass das Konzept dem Lernstand der Schülerinnen und Schüler entspricht. Gerade bei schwächeren Schülern kann es durchaus notwendig sein stärker unterstützend zu agieren und (ergänzend) andere Lehr-/Lernmethoden einzusetzen.

6.2.4 Materialien in der Freiarbeit

Eine Besonderheit der Freiarbeit sind die dort verwendeten didaktisch aufbereiteten Materialien. Anregende Materialien sind für einen reibungslosen Ablauf von Freiarbeit unerlässlich, wobei sie auch nicht überbewertet werden dürfen. Damit es hier nicht zu Materialienschlachten oder zum ›blinden‹ Herstellen von Materialien kommt, müssen einige Dinge beachtet werden. Die Materialien müssen so aufbereitet sein, dass sie den Ansprüchen in der Freiarbeit genügen. Sie sollten

- sich an den jeweils eingesetzten Konzepten orientieren
- variabel einsetzbar sein, z. B. indem sie unterschiedliche Schwierigkeitsgrade aufweisen
- verschiedene Lerntypen ansprechen
- einen gewissen Anforderungscharakter besitzen und
- sowohl der Übung als auch der Vertiefung oder Ergänzung dienen.

Bei der Herstellung der Materialien sollte man sich über den Zweck des jeweiligen Materials klar sein und jedes Material bewusst herstellen. Materialien müssen sowohl den Eltern als auch den Lernenden vorgestellt werden. Gerade Eltern reagieren oft skeptisch gegenüber neuen Unterrichtsformen und -methoden. Indem sie mit den Materialien vertraut gemacht werden, können sie ihre Abwehrhaltung überdenken und leichter zustimmen, wenn ihre Kinder in der Freiarbeit mit solchen Materialien arbeiten.

Für die Lernenden ist die Materialienvorstellung wichtig um einen Überblick über vorhandene Materialien zu gewinnen und eine Vorstellung davon zu bekommen, wie man mit den einzelnen Materialien arbeiten kann. Außerdem wissen die Lernenden dann auch gleich, welche Ziele mit welchen Materialien am sinnvollsten erreicht werden können. Dies erleichtert die Entscheidung für ein Material in der Freiarbeit. Praktische Erfahrungen haben gezeigt, dass es sinnvoll ist eine übersichtliche Inventarliste anzufertigen, in der alle sich in der Freiarbeit befindlichen Materialien aufgeführt werden. Die Lernenden erhalten jeweils eine Inventarliste, die Raum für Ergänzungen lässt. Sie können nun zu Beginn einer Freiarbeitsstunde anhand der Inventarliste auswählen, welches Material sie heute bearbeiten wollen. In Metagesprächen sollte auch immer wieder über Materialien gesprochen werden. Lernende, die bereits mit bestimmten Materialien gearbeitet haben, können diese vorstellen, Positives und Negatives herausstellen. Diese Meinungen können dann von den Klassenkameraden bei ihrer Auswahl einbezogen werden. Gespräche über Materialien können auch dazu führen, dass bestimmte Materialien zurückgestellt werden, weil sie für die Lernenden aus verschiedenen Gründen nicht akzeptabel sind.

Die Materialien variieren hinsichtlich ihrer didaktischen Aufbereitung. Sie enthalten mehr oder weniger genaue Arbeitsanweisungen, die Aufgabentypen entsprechen eher offenen oder geschlossenen Formen. Dies richtet sich vor allem danach, welche Voraussetzungen die Schüler in bezug auf Methoden- und Sozialkompetenz mitbringen und wie gut sie Formen freien Arbeitens beherrschen. Je selbstständiger die Lernenden agieren können und je mehr Lern- und Arbeitstechniken ihnen zur Verfügung stehen, desto offener können die Materialien sein. Es werden nur noch Vorschläge unterbreitet, die Entscheidungen werden aber eigenständig von den Lernenden getroffen. Sie übernehmen dann selbst die Aufbereitung der Materialien in ihrem Sinne. Insgesamt lassen sich die folgenden Materialien unterscheiden:

- *Steinbruchmaterialien:* Diese sind überhaupt nicht didaktisch aufbereitet, sondern werden von den Lernenden nach ihren Vorstellungen benutzt. Dazu gehören alte Schulbücher, Zeitungen, Hefte usw. Man spricht hier auch von Rohmaterialien, die die Lernenden in verschiedenen Zusammenhängen verwenden können.
- *Übungsmaterialien:* Diese Materialien enthalten Aufgaben, die vor allem zum Üben gedacht sind. Hier wird nach Schwierigkeit variiert. Die Art der Bearbeitung der Materialien kann vom Lernenden oder von der Lehrperson her bestimmt sein.
- *Lernmaterialien:* Materialien mit Zusatzstoffen über den Unterrichtsstoff hinaus werden hier angeboten. Variationen in der didaktischen Aufbereitung sind ebenfalls gegeben.
- *Erfahrungs- und Erlebnismaterialien:* Materialien mit Handlungs- und Aktionsangeboten.
- *Phantasie- und Kreativitätsmaterialien:* Sie sollen die eigene Phantasie und Kreativität der Lernenden anregen.
- *Ganzschriften:* Sie können von den Lernenden gelesen und abschließend reflektiert werden (vgl. KRIEGER 1994; SCHULZE 1993).

Materialien der Freiarbeit weisen einen mehr oder weniger starken selbststeuernden Charakter auf. Sie sollen die Eigenaktivitäten der Lernenden fördern, individuell oder gruppenorientiert gestaltet sein und von ihnen selbstständig benutzt werden können.

Die Herstellung der Materialien orientiert sich neben dem Kriterium der Voraussetzungen der Klasse bezüglich der Lern- und Arbeitstechniken auch an anderen Kriterien. So muss der spezifische Wissensstand der Lernenden berücksichtigt werden, ebenso die mit dem Material beabsichtigte Zielsetzung. Wann immer dies möglich ist, muss das Material eine Selbstkontrollmöglichkeit beinhalten. Diese Selbstkontrolle ist nötig, um das eigene Denken zu strukturieren, da dabei die Lernenden ihre Handlungsschritte nochmals nachvollziehen können. Es folgt eine Bewusstmachung des eigenen Tuns und damit eine bessere Reaktion auf Fehler. Auf die essenzielle Bedeutung solcher metakognitiven Vollzüge für die individuelle Selbstregulation wurde bereits in *Abschnitt 3.1.3* verwiesen.

Zusätzlich zu den herkömmlichen Materialien können auch Klassenbüchereien oder Mediotheken eingerichtet werden, die vor allem bei älteren Schülerinnen und Schülern sinnvoll sind, wenn diese ihre Arbeit strukturieren und sich dazu eigene Informationen beschaffen wollen. Je größer die Selbstständigkeit der Lernenden, desto wichtiger werden solche zusätzlichen Einrichtungen.

Um die Ergebnisse festzuhalten, die bei der Bearbeitung der Materialien entstanden sind, bietet sich die Anschaffung von separaten Freiarbeitsordnern an. Diese haben ihren Platz bei den Freiarbeitsmaterialien und können so auch jederzeit von den Lehrenden eingesehen werden. Sie dienen den Lernenden gleichzeitig als Rückmeldung, weil die Lehrkraft Hinweise über das Arbeitsverhalten in diese Ordner hineinschreiben kann. Auf diese Weise wird die Selbstkontrolle der Lernenden unterstützt und sie können lernen sich mit möglicherweise vorhandenen Schwierigkeiten auseinanderzusetzen.

Um die präsentierten allgemeinen Hinweise zur Umsetzung von Freiarbeit weiter zu präzisieren, folgen nun praktische Beispiele zur Anwendung dieser Unterrichtsform.

6.2.5 Beispiel: Freiarbeit in einer 9. Klasse der Realschule

Die Klasse umfasste sieben Jungen und neun Mädchen, es handelte sich also um eine sehr kleine Klasse. Sie war in dieser Konstellation schon seit Klasse 5 zusammen, die Schülerinnen und Schüler kannten sich also sehr gut. Die Klasse galt allgemein als relativ leistungsstark und homogen. Die Beziehung zwischen Lehrerin und Klasse war äußerst freundschaftlich und respektvoll. Das gegenseitige Verstehen war sehr gut, die Lernenden waren gegenüber der Lehrerin sehr offen eingestellt. Die Lehrerin unterrichtete seit drei Schuljahren in dieser Klasse die Fächer Deutsch, Geschichte und Gemeinschaftskunde. Sie war also mit einer hohen Stundenzahl in der Klasse präsent.

Die Lernenden wussten, dass die Lehrerin für neue Unterrichtsformen aufgeschlossen war; sie wusste ihrerseits genau, über welche Kompetenzen die Klasse verfügte. So hatte sie im vergangenen Jahr eine Gesprächserziehung mit der Klasse durchgeführt und Regeln zum Gesprächsverhalten mit ihnen vereinbart und sichtbar im Klassenzimmer aufgehängt. Außerdem verfügte die Klasse über Erfahrungen mit verschiedenen Sozialformen. Die Schüler konnten in Partner- und Gruppenarbeit gut und konzentriert arbeiten. Mit kleineren Projekten waren sie ebenfalls vertraut, sodass auch in dieser Richtung Erfahrungen vorhanden waren. Metakommunikation war für diese Klasse nichts Neues, da immer wieder über Unterricht diskutiert und Verbesserungsvorschläge aufgegriffen wurden.

Das ausgesprochen harmonische Klassenklima lässt sich auch an der Elternarbeit ablesen. Eine gemeinsame Weihnachtsfeier und ein Grillabend mit den Eltern waren feste Veranstaltungen im Schuljahr. Im vergangenen Schuljahr hatten Eltern, Lehrerin und Schülerinnen und Schüler beschlossen, ihr Klassenzimmer zu renovieren, was mit vereinten Kräften zu einem vollen Erfolg wurde. Die Schüler saßen bereits seit längerer Zeit an Gruppentischen, sodass diese Sozialform auch jederzeit einsetzbar war. Außerdem enthielt das Klassenzimmer einige Schränke, die für den Beginn der Freiarbeit hergerichtet wurden. Es herrschten damit ideale Voraussetzungen für die Umsetzung von Freiarbeit.

Da die Klasse bereits über sehr viele Kompetenzen für Freiarbeit verfügte, konnte mit einem relativ offenen Konzept begonnen werden. Die Lehrerin fing zunächst einmal an sich Materialien von Verlagen zu bestellen, diese didaktisch aufzubereiten und eigene Materialien herzustellen. Die Materialien beschränkten sich vorerst auf das Fach Deutsch, und es handelte sich vor allem um Materialien zum Üben und Wiederholen. Die Materialien stammten überwiegend aus den Bereichen Rechtschreibung, Zeichensetzung, Grammatik, Aufsatzlehre und Jugendbücher. Parallel hierzu wurde die Klasse über Freiarbeit informiert. Zweck, Zielsetzung und Begründungszusammenhänge wurden den Lernenden erklärt. Im Anschluss an dieses Gespräch einigten sich die Lehrerin und die Klasse zunächst auf folgende Vorgehensweise:

- Eine Deutschstunde in der Woche wird in Zukunft als Freiarbeitsstunde genutzt.
- In dieser Stunde können sich alle frei aus den vorhandenen Materialien auswählen, was sie arbeiten wollen. Die Materialien liegen im Freiarbeitsschrank.
- Die Schülerinnen und Schüler bestimmen selbst, ob sie alleine, in Partnerarbeit oder in Gruppenarbeit arbeiten wollen.
- Auch der Zeitrhythmus wird von den Schülerinnen und Schülern selbst vorgegeben.
- Alle Materialien werden mit einem Stichwort gekennzeichnet.
- Die Schülerinnen und Schüler benutzen einen Freiarbeitsordner, der mit einem Inhaltsverzeichnis versehen ist. In dieses Verzeichnis tragen die Schülerinnen und Schüler ein, welches Material sie an welchem Tag bearbeitet haben. Diese Liste verschafft den Lernenden einen Überblick in zweifacher Hinsicht: einmal als Auswahlhilfe, was sie an diesem Tag arbeiten möchten, zum zweiten Informationen darüber, welche Materialien sie bereits bearbeitet haben. Die Listen können durch die Schülerinnen und Schüler immer wieder ergänzt werden, wenn neue Materialien hinzukommen.
- Der Freiarbeitsordner enthält alle schriftlich zu erledigenden Aufgaben

aus der Freiarbeitszeit. Außerdem können die Schülerinnen und Schüler ihren persönlichen Kommentar zur Freiarbeit und zur abgelaufenen Stunde aufschreiben.

- Es gibt ein gemeinsam erstelltes Regelplakat, an das sich alle halten sollen.
- Die Schülerinnen und Schülern werden ausführlich mit den Materialien vertraut gemacht. Damit ist klar, welche Anforderungen mit den einzelnen Materialien verbunden sind.
- In regelmäßigen Abständen werden Reflexionsgespräche durchgeführt, in denen die verschiedenen Probleme besprochen werden und Lösungen gesucht werden

Nach ungefähr vier Wochen kam es zu einer ersten Reflexionsphase, in der die Schülerinnen und Schüler sich überwiegend positiv über die Freiarbeit äußerten. Auch die Lehrerin hatte den Eindruck, dass die freien Arbeitsformen wirklich ihren Zielsetzungen und Erwartungen entsprach. In der ersten Reflexionsphase wurde von Schülerseite vor allem bemängelt, dass sich anfangs die ganze Klasse auf die Materialien im Schrank stürzt und es dabei sehr unruhig zugeht. Außerdem seien für die Schülerinnen und Schüler, die sich langsamer etwas aussuchen, keine guten Materialien mehr übrig. Aus diesem Grund einigte sich die Klasse auf ein Rotationsverfahren. Das bedeutete: In einer Woche fing der eine Tisch an, als erster an den Schrank zu gehen; in der nächsten Woche begann dann der zweite Tisch. So ging es immer reihum, wodurch jeder Tisch irgendwann als erster am Materialienschrank sein konnte. Dieses Verfahren funktionierte sehr gut.

In der Zwischenzeit hatte die Lehrerin die Freiarbeit im Kollegium bekannt gemacht, und ein Kollege wollte in der Klasse mit Englisch einsteigen. So wurde die Freiarbeit auf eine Doppelstunde pro Woche ausgedehnt, also eine Stunde Deutsch und eine Stunde Englisch.

Im Lauf der Zeit haben sich weitere kleinere Veränderungen ergeben: Es gab auch Materialien aus Geschichte, Gemeinschaftskunde und einige aus dem Fach Mathematik. In Deutsch und Englisch hatten sich die Materialien weiter ausgedehnt, sie wurden nicht mehr auf die vorher beschriebenen Bereiche beschränkt, sondern umfassten das ganze Spektrum des Englisch- und Deutschunterrichts. Die Materialien differenzierten hinsichtlich des Arbeitsaufwands und Schwierigkeitsgrads. Um hier immer noch die Übersichtlichkeit der Inventarlisten zu gewährleisten, wurde von jedem Fachkollegen eine Liste mit Materialien des jeweiligen Faches erstellt.

In einen ersten Freiarbeitsblock kamen alle Materialien, die zum Üben und Wiederholen gedacht waren. In einem zweiten Bereich wurden aktuell den Unterricht begleitende Materialien genannt. Der dritte Block war den Lernspielen, Entspannungs- und Konzentrationsübungen oder auch fachunabhängigen und fächerverbindenden Materialien vorbehalten. Es stellte sich heraus, dass diese Einteilung die Auswahl und die Arbeit mit den Materialien sehr erleichterte. Viele Schülerinnen und Schüler überlegten sich jetzt auch vor Beginn der Freiarbeit mit Hilfe der Liste (s. *Abbildung 13*), welches Material sie in der Freiarbeit bearbeiten wollten.

Block 1: Übungs- und Wiederholungsmaterialien		
Fach	*Material*	*bearbeitet am*
Deutsch	1. Büroklammerübung	
	2. Übungsdiktat	
	3. Gruppenturnier zur Rechtschreibung	
Englisch	1. Übungsdiktat	
	2. ETA Nr. 1 (erweiterte Textanalyse)	
	3. Arbeitsblatt	
Block 2: Lernspiele		
Fach	*Material*	*bearbeitet am*
Deutsch	1. Kreativ schreiben	
	2. Kreuzworträtsel	
	3. Wörterdomino	
Englisch	1. Hörspiel	
	2. Memory	
Geschichte	1. Der große Preis	
	2. Sortieraufgabe	
Block 3: Aktuelle Materialien		
Fach	*Material*	*bearbeitet am*
Deutsch	1. Literaturkartei	
	2. Lexikon	
Englisch	1. ETA Nr. 3	
	2. Hörbeispiel	
	3. Vokabelarbeit	

Abb. 13: Beispiel einer Inventarliste

Diese Liste wird für die ganze Klasse kopiert. Sie verschafft den Lernenden einen Überblick in zweifacher Hinsicht: einmal als Auswahlhilfe, was sie an diesem Tag arbeiten möchten, zum zweiten, welche Materialien sie bereits bearbeitet haben. Die Liste kann immer wieder ergänzt werden. Zusätzlich könnten in der Liste auch noch die Sozialformen und die Schwierigkeitsgrade angegeben werden.

Die Schülerinnen und Schüler hatten die Möglichkeit, neben der Arbeit im Klassenzimmer auch die Schülerbibliothek und die Schulküche als Arbeitsräume zu verwenden um in Ruhe arbeiten zu können. Diese Ausdehnung auf verschiedene Klassenräume war notwendig, da die Materialien von der Lautstärke her sehr unterschiedlich sind. Es gibt Materialien, die vollständige Ruhe und Konzentration erfordern und Materialien, die mit Lautstärke verbunden sind (Spiele, Kassettenrekorder). Durch die Verteilung in verschiedene Räume versuchten die Lehrkräfte diesem Problem entgegenzuwirken. Allerdings gab es hier ein weiteres Problem: Die Schülerinnen und Schüler konnten nicht mehr so gut kontrolliert werden und manche drückten sich vor der Arbeit. Hier mussten Lehrkräfte und Lernende gemeinsam Lösungen entwickeln.

Insgesamt kam die Freiarbeit gut in der Klasse an. Die Lehrkräfte waren vor allem vom angestrengten und konzentrierten Arbeiten der Lernenden und von ihrem sozialen Verhalten in den Freiarbeitsphasen beeindruckt. Auch die Lernenden empfanden die Atmosphäre und die Arbeitshaltung als sehr angenehm. Die Chance Lerninhalte zu wiederholen um Lücken zu schließen wurde von den Klassen ebenfalls als sehr angenehm empfunden. Von Lehrkräften und Lernenden wurde die Lautstärke noch als Problem angesehen. Mehrmals durchgeführte Spiele, Gruppenarbeit und einzelne Störenfriede wurden hauptsächlich als Ursachen der zu hohen Lautstärke angegeben.

Alle Beteiligten bewerteten die Freiarbeit sehr positiv, wobei insbesondere auf das individualisierende, differenzierende Lernen und auf das gegenseitige Helfen abgehoben wurde. Als sehr wichtig wurde auch die selbstständige Gestaltung und Durchführung der Lernprozesse eingestuft. Die Lernenden wollten ihre Freiheit nutzen und sahen darin auch einen wichtigen Vorteil der Freiarbeit. Sie stuften die Möglichkeit der Selbstentscheidung als hoch ein, sahen sich damit aber manchmal auch überfordert.

Im Folgenden werden nun noch einige Materialien vorgestellt, die in dieser Klasse eingesetzt wurden.

6.2.6 Beispiele für Materialien

Block 1: Übungs- und Wiederholungsmaterialien

Gruppenturnier Rechtschreibübung, Deutsch
Für diese Übung braucht man leere Karteikarten. Auf die Vorderseite der Karten wird ein Satz mit einem enthaltenen Rechtschreibproblem geschrieben, auf die Rückseite die Lösung dieses Rechtschreibproblems. (s. *Abbildung 14*)

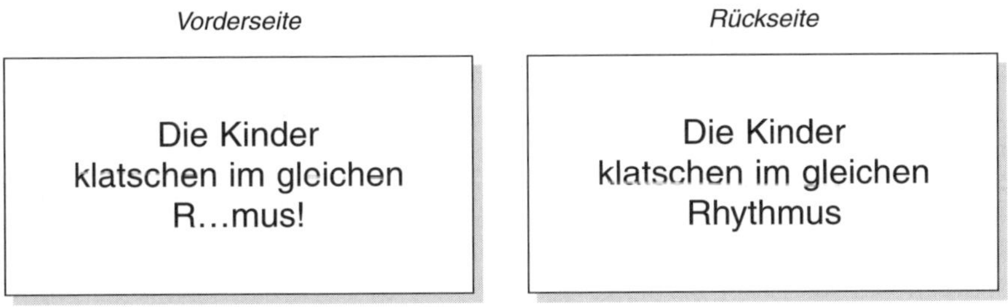

Abb. 14: Karteikarte für das Gruppenturnier Rechtschreibung

Diese Übung kann in Einzel-, Partner- oder Gruppenarbeit durchgeführt werden. In der Einzelarbeit legt der Lernende einen Stapel mit Kärtchen vor sich auf den Tisch. Er nimmt ein Kärtchen in die Hand, liest die Aufgabe und schreibt die Lösung auf. Anschließend dreht er die Karte um und vergleicht die Lösung. In der Partnerarbeit wird der Stapel in die Mitte der beiden Lernenden gelegt. Zunächst nimmt Partner A die erste Karte und liest die Aufgabe. Partner B beantwortet sie. Ist die Antwort richtig, darf er die Karte behalten. Danach liest B seinem Mitspieler A eine Aufgabe vor.

In der Gruppenarbeit wird folgendermaßen gespielt: Spieler A nimmt das erste Kärtchen vom Stapel und liest Spieler B die Frage vor. Dieser beantwortet sie. Spieler C bestätigt diese Antwort oder gibt eine alternative Antwort. Spieler A vergleicht die Antworten mit der Lösung auf der Rückseite des Kärtchens. Haben beide Spieler die richtige Antwort gegeben, erhält B das Kärtchen, bei richtiger Antwort von B und falscher von C erhält ebenfalls B das Kärtchen und bei falscher Antwort von B und richtiger von C erhält C das Kärtchen. Antworten beide falsch, kommt das Kärtchen unter den Stapel. Danach nimmt B das nächste Kärtchen und stellt C die Frage. C gibt zunächst eine Antwort, dann A. Vorrecht auf das Kärtchen hat immer der, der zuerst die Antwort geben darf. In dieser Art rotieren die Spieler immer weiter, bis alle Kärtchen auf die Spieler verteilt sind.

Block 2: Lernspiele

Der große Preis

Dieses Spiel entspricht der Fernsehshow »Der große Preis«. Auf ein DIN A3 Blatt werden vier Spalten mit je sieben Zeilen als Spielplan gemalt. Die unteren sechs Kästchen jeder Spalte werden mit 10, 20, 30 usw. nummeriert. In das oberste Kästchen wird jeweils ein Oberbegriff geschrieben. Der Kästchengröße entsprechende Karteikarten werden nummeriert und mit den Oberbegriffen gekennzeichnet. Auf die Vorderseite kommen zugehörige, mit steigender Punktzahl schwierigere Aufgaben, auf die Rückseite jeweils die Lösungen (*Abbildung 16*).

Spielverlauf: Auf dem Spielplan liegen die einzelnen Kärtchen. Ein Spieler beginnt damit, den Oberbegriff und die gewünschte Nummer zu nennen. Spieler 2 nimmt das Kärtchen, stellt die Frage und kontrolliert die Antwort. Ist sie richtig, erhält Schüler 1 die entsprechend auf dem Kärtchen stehende Punktzahl. Er darf so lange fortfahren, bis er eine falsche Antwort gibt. Dann wird dieses Kärtchen zurückgelegt und Spieler 2 wünscht sich eine Nummer. Der Spieler, der die meisten Punkte erreicht hat, hat gewonnen. Natürlich sind auch eigene Regeln der Schülerinnen und Schüler willkommen. Dieses Spiel kann auf alle Fächer übertragen werden.

1. Weltkrieg	Weimarer Republik	NS-Zeit	2. Weltkrieg
10	10	10	10
20	20	20	20
30	30	30	30
40	40	40	40
50	50	50	50
60	60	60	60

Abb. 15: Der große Preis/Spielplan

Beispiele für die Kärtchen:

Vorderseite	*Rückseite*
NS-Zeit 10 Erkläre den Begriff Antisemitismus.	Hierunter versteht man eine feindselige und oft hasserfüllte Einstellung und Haltung gegen Juden, die zur Bevölkerungsgruppe der Semiten gehören.
Weimarer Republik 30 Erkläre die Dolchstoßlegende.	Sie besagt, dass das Heer im 1. Weltkrieg eigentlich unbesiegt geblieben ist. Nur die Arbeiter und die Demokraten hätten die Niederlage zu verantworten. Für die Republik bedeutete die Dolchstoßlegende eine stark belastende Interpretation der Kriegsniederlage.

Abb. 16: Der große Preis/Aufgabenkarten

Block 3: Aktuelle Materialien

Literaturkartei Deutsch
›Der Schimmelreiter‹: In einem Ordner befinden sich verschiedene Arbeitsblätter, diese Blätter sind je nach Arbeitsaufgabe unterschiedlich gestaltet:

Arbeitsblatt 1:
Auf das Blatt wird ein großes Herz gemalt. Folgende Aufgabe steht in der Mitte des Herzens: »Schreibe einen Liebesbrief von Hauke Haien an Elke oder umgekehrt. Soll es der erste Brief sein oder sind die beiden schon länger zusammen?«

Arbeitsblatt 2:
Das Blatt hat die Gestalt eines aufgeschlagenen Buches: »Du bist Redaktionsmitglied unserer Schülerzeitung. Schreibe eine Buchkritik über die Novelle ›Der Schimmelreiter‹.«

Herstellung weiterer Materialien

Bei den vorausgehenden Beispielen handelt es sich um willkürlich herausgegriffene Materialien; kennzeichnend für die Auswahl der Beispiele ist aber, dass sie aus den verschiedenen angegebenen Bereichen stammen. Durch sie soll ein Eindruck vermittelt werden, in welcher Weise Materialien hergestellt und im Unterricht eingesetzt werden können. Es werden bewusst keine Materialien vorgestellt, die von Verlagen angeboten werden, sondern nur solche, die selbst hergestellt und erprobt wurden. Diese Materialien weisen in sich noch relativ wenig Impulse zur Selbststeuerung auf. Sie müssen durch Materialien ergänzt werden, bei denen die Lernenden zum Anfertigen von Mind-Maps, zur Durchführung von Brainstormings, Sortieraufgaben und Struktur-Lege-Techniken ermutigt werden. Die selbststeuerungsfördernden Effekte dieser Aktivitäten wurden in den *Abschnitten 5.3* und *5.4* beschrieben.

Beispiel: Für das Fach Geschichte , Unterrichtseinheit: Nationalsozialismus, kann folgende Sortieraufgabe gegeben werden (*Abbildung 17*)

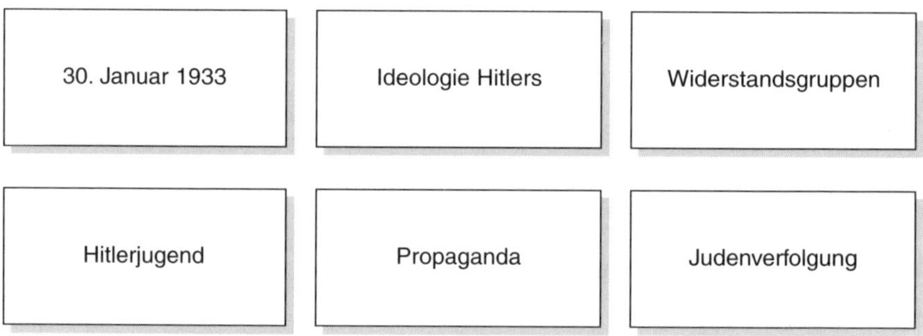

Abb. 17: Karten für Sortieraufgabe

Die Schülerinnen und Schüler erhalten diese Kärtchen auf einem Stapel. Für jede Person muss ein Stapel vorhanden sein. Jede Person überlegt sich nun, was ihr zu den Begriffen einfällt. Weiß sie viel über einen solchen Begriff und kann sie sicher damit umgehen, kommt das Kärtchen mit diesem Begriff auf die linke Seite. Ist sich die Person unsicher, kommt das Kärtchen auf die rechte Seite. Am Ende der Sortierphase nehmen die Lernenden nun den rechten Stapel, beispielsweise Kärtchen mit den Begriffen ›Ideologie Hitlers‹ und ›Propaganda‹. Mit Hilfe des Schulbuches und des Schulheftes werden die Begriffe nun so geklärt, dass die Schüler sich über diesen Begriff Klarheit verschafft haben. Die Kärtchen können von den Lernenden selbst beschriftet werden. Sie sollen sich dazu aus dem Schulbuch die Ankerbegriffe dieser Unterrichtseinheit notieren und diese auf die Kärtchen schreiben. Dann können sie nach der Sortieraufgabe vorgehen. In einer Struktur-Lege-Technik (s. auch *Abschnitt 7.3.5*) können sie anschließend versuchen, die Begriffe nach ihrer Bedeutung und nach ihrem Zusammenhang in eine Struktur zu legen.

6.3 Wahldifferenzierter Unterricht

6.3.1 Beschreibung des wahldifferenzierten Unterrichts

Im wahldifferenzierten Unterricht wird der Versuch unternommen Unterricht freier und mit mehr Selbstbeteiligung durch die Lernenden zu gestalten. Sie sollen an verschiedenen Themenschwerpunkten selbstständig und kooperativ lernen können. Im Rahmen einer bestimmten Unterrichtseinheit erhalten die Schülerinnen und Schüler Gelegenheit, zwischen unterschiedlichen Schwerpunktsetzungen und Arbeitsmöglichkeiten zu wählen und dann in Kleingruppen den gewählten Schwerpunkt zu bearbeiten. Die Wahl der Unterrichtseinheit richtet sich in der Regel nach den Vorgaben des Bildungsplans. Allerdings können die Lehrkräfte auch hier ihren pädagogischen Spielraum ausnutzen. Damit sich die Lernenden entscheiden können, werden in einer gemeinsamen Einstiegsphase im Kreis das Thema und die möglichen Schwerpunktsetzungen besprochen. Dazu bietet die Lehrperson den Lernenden unterschiedliche Zugangsmöglichkeiten zur Unterrichtseinheit an und stellt didaktisch aufbereitete Materialien zu dieser Einheit zur Verfügung. Im Rahmen dieser Lernangebote haben die Lernenden Möglichkeiten, eigene Entscheidungen bezüglich ihres individuellen Lerninhalts zu treffen. Dazu gibt es vorstrukturierte Lernangebote zu mehreren Themenbereichen, allerdings nur innerhalb der von der Lehrkraft bestimmten Unterrichtseinheit. Im Anschluss an den Sitzkreis können sich die Lernenden über die zur Wahl stehenden Alternativen informieren und sich über die Wahlmotive klar werden. Nach der Entscheidung für einen Schwerpunkt arbeiten die Schülerinnen und Schüler relativ selbstständig in ihren Gruppen. Dabei legen sie den Arbeitsschwerpunkt dieser Gruppe selbst fest, planen ihr Vorgehen eigenständig, führen diesen Plan durch und bereiten eine Präsentation der Ergebnisse vor. Diese findet dann wiederum im Sitzkreis statt, wo die Ergebnisse aus allen Gruppen zusammengetragen werden können.

Der wahldifferenzierte Unterricht bietet einen relativ großen Spielraum für die Entwicklung selbstverantworteten Lernens. Es müssen aber auch Lern- und Arbeitstechniken vorhanden sein, die die Arbeit im wahldifferenzierten Unterricht möglich machen. Der wahldifferenzierte Unterricht ähnelt von seiner Struktur her der Themenplanarbeit. Es lassen sich vier Phasen im wahldifferenzierten Unterricht unterscheiden:

1. In der *Strukturierungsphase* erhalten die Lernenden einen Überblick über die anstehende Thematik. Sie dient als Einstiegsphase. Teilthemen und Arbeitsschwerpunkte lassen sich hier entfalten.

2. In der *Wahlphase* orientieren sich die Lernenden über die möglichen Teilthemen und verschaffen sich einen Überblick. Hier können sie auch Lernmaterialien durchsehen. In dieser Phase werden auch die Gruppen, die anschließend an einem Teilthema arbeiten sollen, gebildet.

3. In der nun folgenden *Gruppenarbeitsphase* wird das Thema in den Kleingruppen bearbeitet. Diese stellen dafür einen eigenen Arbeitsplan auf. Hier wird auch die Präsentationsphase vorbereitet.

4. In dieser *Reflexionsphase* werden die Teilthemen vorgestellt, über die Unterrichtseinheit und ihren Verlauf diskutiert und die Ergebnisse festgehalten. Bei dieser Art Unterricht handelt es sich schon sehr stark um ein projektorientiertes Vorgehen.

6.3.2 Beispiel für wahldifferenzierten Unterricht

Dieses Beispiel stammt aus einer 9. Realschulklasse. Sie bestand aus 20 Mädchen und 9 Jungen. Die Klasse verfügte über ein großes Klassenzimmer, sodass die Möglichkeit der Sitzordnung an Gruppentischen gegeben war. Diese Sitzordnung war deshalb gut geeignet, weil in der Klasse häufig die Gruppenarbeit als Sozialform bevorzugt wurde. Da die Klasse über eine hohe Methoden- und Sozialkompetenz verfügte, bot es sich hier geradezu an Gruppenarbeit und eigenständiges Lernen einzuplanen. Die dabei erlernten Fähigkeiten der eigenständigen Planung und Ausführung von Unterrichtsinhalten sowie des selbstständigen Umgangs mit Medien konnten fruchtbar für den Unterricht genutzt werden. Die Schüler waren auch in Metakommunikation und in allgemeinen Gesprächsverhaltensweisen geübt. Die Lehrerin unterrichtete in dieser Klasse Deutsch, Geschichte und Gemeinschaftskunde und war mit acht Stunden in der Klasse vertreten. Es herrschte ein ausgesprochen gutes Verhältnis zwischen Klasse und Lehrerin. Nachfolgend wird näher auf die Unterrichtseinheit »Die Zeit des Nationalsozialismus« eingegangen (s. *Abbildung 18*).

Abb. 18: Unterrichtseinheit: Die Zeit des Nationalsozialismus

Für diese Unterrichtseinheit zeigten die Lernenden großes Interesse. Viele historische Jugendbücher befassen sich mit dieser Zeit, sodass eine Verbindung zum Fach Deutsch gut herstellbar war. Außerdem kann die damalige Menschenrechtsverletzung und die Bedeutung unserer heutigen Demokratie aus der Geschichte heraus gut nachvollzogen werden. In Musik spielte die so genannte »Oi«-Musik eine große Rolle für die Jugendlichen.

Die Lehrerin stellte die Unterrichtseinheit in einem Sitzkreis den Lernenden vor. Zunächst formulierte sie nur das Thema. Die Schülerinnen und Schüler äußerten sich in einer Brainstorming-Runde über ihre Fragen, ihr Wissen und ihre Erwartungen an diese Unterrichtseinheit. In einem Kurzvortrag gab die Lehrerin eine Einführung in die NS-Zeit. Dann stellte sie die verschiedenen Themen vor, die in Kleingruppen im Rahmen dieser Unterrichtseinheit erarbeitet werden könnten. Hier eine kleine Auswahl der Themen:

- *Aufstieg Hitlers:* Als Materialien stehen für diesen Themenbereich Schulbücher verschiedener Verlage sowie Fach- und Sachbücher zur Verfügung. Es besteht auch die Möglichkeit einen Videofilm anzuschauen, der sich mit dem Aufstieg Hitlers befasst.
- *Widerstand im 3. Reich:* Es stehen Schulbücher und Filme bereit, die betrachtet und analysiert werden können.
- *Hitlerjugend:* Die Gruppe erhält Schulbücher aus der NS-Zeit, die aufzeigen, wie die Hitlerjugend propagiert wurde. Filme und Dias ergänzen diese Materialien.
- *Widerstand:* Hierzu liegen Materialien von verschiedenen Widerstandsgruppen vor.
- *Analyse originaler Zeitungsartikel:* Zeitungsartikel der damaligen Zeit können analysiert und mit den Tatsachen verglichen werden.
- *Jugendbücher:* Verschiedene Bücher sollen gelesen und eines näher bearbeitet werden, z. B. ›DIE WEBERS‹, ›DAMALS WAR ES FRIEDRICH‹, ›SCHINDLERS LISTE‹ usw.
- *Gefährdung der Demokratie, Rechtsradikalismus:* Zeitungsartikel der jüngsten Vorfälle, Polizeiberichte usw. sollen ausgewertet werden.

Die Lernenden entschieden sich für eines der Themen. Sie gingen in Gruppen an verschiedene Gruppentische und begannen das Thema zu erarbeiten. Bei manchen Themen waren offene Aufgabenstellungen vorhanden, bei anderen blieb die Erarbeitung ganz den Lernenden überlassen.

An diese Phase schloss sich eine Präsentation an, die wieder im Sitzkreis stattfand. Die Ergebnisse wurden auf Plakate geschrieben, die in Form einer Wandzeitung ausgestellt wurden.

6.4 Projektunterricht

6.4.1 Beschreibung des Projektunterrichts

Projektunterricht gehört neben der Freiarbeit zu den methodischen Konzepten, die zur Zeit hoch im Kurs stehen. Projektunterricht soll wenigstens zeitweilig eine Zerstückelung des Unterrichts aufheben und ganzheitliches Lernen an einem Thema ermöglichen. In dieser Zeit sollen sich die Lernenden einer Sache selbsttätig annähern und diese eigenständig bearbeiten. Dabei spielt auch das kooperative Lernen eine wichtige Rolle. Ähnlich wie in der Freiarbeit werden auch im Projektunterricht Ansätze selbstgesteuerten Lernens verwirklicht, wobei der Schwerpunkt auf der Handlungsorientierung liegt. Die Lernenden sind im unterrichtlichen Handeln selbst tätig.

Die Projektidee trat in den 60er-Jahren im Zuge der Theorie-Praxis-Diskussion durch die Studentenbewegungen in den Vordergrund. Durch die Gesamtschuldiskussion wurde sie Projektidee in den 70er-Jahren wieder aufgegriffen. Seit den 80er-Jahren ist das Projektlernen für alle Schularten und Schulstufen aktuell und sogar in den Bildungsplänen als fester Bestandteil verankert. William H. KILPATRICK (1871–1965; FREY 1993) ist einer der ersten, der den Projektbegriff verwendet. Unter einem Projekt verstand er ein umfassendes Erziehungsprinzip, bei dem sich planvolles Handeln mit anderen zusammen mit viel Engagement abspielt. Bereits 1918 differenziert er den Begriff in einem weiten Verständnis in Form von vier Typen aus. Die vier Projekttypen nach KILPATRICK (vgl. FREY 1993):

- Ausführen eines Gedankens oder Plans in praktischer Tätigkeit
- Das Genießen einer Erfahrung
- Die Lösung eines Problems im intellektuellen Bereich
- Das Erreichen einer Könnens- oder Wissensform.

Projektlernen beinhaltet jegliche Form von Aktivität, sofern sie selbstgewollt und planvoll auf Lebensbereiche abzielt. KILPATRICKS Projektbegriff ist sehr weit gefasst. Dabei sollen die Bedürfnisse der Lernenden berücksichtigt und ihnen selbständiges Lernen ermöglicht werden. Ein Projekt muss nach KILPATRICK planvolles Handeln, Zielgerichtetheit und Selbsttätigkeit aufweisen.

Nelson L. BOSSING (1935) (zit. nach GEISSLER 1994, S. 119–143) kritisiert den weiten Projektbegriff KILPATRICKS. Für ihn haben Projekte vor allem die Funktion, die Diskrepanz zwischen schulischen Aufgaben und den Anforderungen, die außerhalb der Schule gestellt werden, aufzuheben. Besonders bedeutsam ist das praktische Lernen innerhalb eines Projekts: Es soll das selbstständige Lösen von Aufgaben fördern, Arbeitstugenden entwickeln helfen und der Verbindung von Theorie und Praxis dienen. Dabei steht die Produktorientierung im Mittelpunkt. Fünf Merkmale kennzeichnen nach BOSSING die Projektmethode:

- Eine für bedeutsam gehaltene Aufgabe aus der umgebenden Wirklichkeit
- Die praktische Lösung dieser Aufgabe
- Die Lernenden planen und führen diese Aufgabe selbsttätig aus
- Dabei wird mit Kopf, Herz und Hand gelernt
- Die Projektmethode führt zur Bereicherung der Erfahrung.

BOSSINGS Projektbegriff ist erheblich enger gefasst als der KILPATRICKS. Er versteht die Projektmethode als Unterrichtsmethode.

Karl FREY (1993) sieht die Projektmethode als Form einer lernenden Betätigung, die Bildungswirkung hat. Dabei kann die Projektgruppe aus einer Klasse, einem Kurs oder einer ganzen Schule bestehen. Am Anfang eines Projekts steht eine Projektinitiative. Diese Initiative kann aus der Lerngruppe kommen, von der Lehrkraft oder auch vom Bildungsplan vorgeschlagen werden. Zum Projekt selbst gehört die Auseinandersetzung mit der Projektidee, die Festlegung des endgültigen Themas und der einzelnen Betätigungsfelder. Sie machen die wesentlichen Lernprozesse aus und stellen gleichzeitig die bildenden Elemente dar. Die Lerngebiete im Projekt entstammen dem Erfahrungsbereich der Lernenden und können durchaus auch außerhalb der jeweiligen Bildungsinstitution liegen. Sie richten sich vor allem nach den Interessen der Lernenden. Aus der Projektarbeit entsteht häufig ein vorzeigbares Produkt.

Aus den skizzierten Definitionen läßt sich folgender Projektbegriff ableiten: Eine Lerngruppe wählt gemeinsam eine ihr wichtige und auf die Lebenswirklichkeit bezogene Aufgabe aus. Die Aufgabe wird von den Lernenden durch planvolles und kooperatives Lernen selbstständig zu lösen versucht. Dabei entsteht ein sichtbar vorweisbares Produkt, das für die Lerngruppe Bedeutung hat. Ein Projekt schließt immer eine Realisierung mit ein und unterscheidet sich dadurch vom Plan oder einer Idee. Analytisch gesehen, lässt sich ein Projekt in die Phasen der Planung, Durchführung, Realisierung und Fertigstellung untergliedern. Parallelen zu den in den *Abschnitten 4.1* und *5.4.1* vorgestellten handlungspsychologischen Grundgedanken sind hier unverkennbar.

Projekte haben das Ziel verändernd und verbessernd in die Wirklichkeit einzugreifen. Sie weisen folgende Merkmale auf:

- Situationsbezug und Lebensweltorientierung
- Gesellschaftliche Praxisrelevanz
- Interessenbezug

- Interdisziplinarität
- Produktorientierung
- Selbstorganisation und Selbstverantwortung
- Mehrdimensionaler Lernzielbezug
- Sozialbezug.

Folgende Vorzüge werden dem Projektunterricht zugeschrieben:

- Fördern der Gemeinschaft durch soziales Lernen
- Verbindung zwischen Schule und Umwelt
- Förderung des Selbstwertgefühls
- Fachunabhängigkeit
- Möglichkeit der eigenen Gestaltung
- Erhöhung der Selbstständigkeit
- Entwicklung von Problembewusstsein
- Unterricht wird abwechslungsreicher
- Lehrperson wird zum Mitarbeiter in einem Team
- Einarbeitung in Teamarbeit.

Bei der Durchführung eines Projektes in einer Klasse sind bestimmte Voraussetzungen zu beachten. Zunächst einmal müssen die Handlungsspielräume für die Durchführung eines Projekts abgeklärt werden. Welche Möglichkeiten und Grenzen sind bei diesem Projekt gegeben? Ist das Projekt überhaupt unter den gegebenen Bedingungen realisierbar? Dann müssen die Voraussetzungen, die die Schülerinnen und Schüler in das Projekt einbringen, überprüft werden. Über welche Kompetenzen und Möglichkeiten verfügen die Lernenden? Dabei müssen auch die sozialen Beziehungen innerhalb der Klasse geklärt werden, da diese einen großen Einfluss auf das Gelingen des Projekts haben können. Außerdem muss überlegt werden, welche Arbeitsbedingungen und Arbeitsmittel in der Klasse zur Verfügung stehen. Ein Projekt sollte auch für das weitere unterrichtliche Handeln Folgewirkung zeigen. Ideen können ins tägliche Unterrichten einfließen, ebenso können sich Folgeprojekte anschließen. Schließlich können die im Projekt erlernten Arbeitstechniken und Sozialformen für den herkömmlichen Unterricht nutzbar gemacht werden. Bei der Durchführung eines Projekts lassen sich verschiedene Phasen unterscheiden (FREY 1993; GUDJONS 1994):

1. Die Themenfindung

Dabei kann eine enge Ausgangssituation vorliegen, wenn z.B. das Thema vom Lehrplan her bestimmt ist. Es kann aber auch eine halboffene Ausgangssituation entstehen, wenn zwar Rahmenthemen vorgegeben sind, sich innerhalb derer jedoch die Lerngruppe selbst auf ein Thema einigen kann. Von einer offenen Ausgangssituation spricht man dann, wenn das Thema noch nicht in Sicht ist, sondern erst gemeinsam von der Lerngruppe gefunden werden muss. Dabei ist wichtig, dass das Thema von allen akzeptiert werden kann. Trotz der offenen Ausgangssituationen ist es sinnvoll, wenn die Lehrenden Anregungen zu Projekten in die Klasse einbringen. Dort können sie dann diskutiert und eingegrenzt werden, bis eine Projektinitiative vorliegt.

2. Informationsphase
In dieser Phase sammelt die Lerngruppe möglichst umfassende Informationen zu ihrem Thema. Voraussetzung hierfür ist das Vorhandensein von Methodenkompetenz, da die Lernenden sich selbstständig auf eine gezielte Informationssuche machen. Dafür muss genau geklärt werden, worum es in diesem Projekt geht, was behandelt oder hergestellt werden soll. Das Thema wird also genauer eingegrenzt, sodass die Suche nach Informationen sinnvoll wird. Es können auch bereits vorhandene Informationen der Lerngruppe eingebracht werden. Dazu bietet sich ein Brainstorming oder eine Mind-Map an, deren Ergebnisse im Klassenzimmer visualisiert werden.

3. Planungsphase
Gemeinsam wird nun ein Plan für den weiteren inhaltlichen und formalen Verlauf des Projekts erstellt. Um einen solchen Plan überhaupt erstellen zu können, bedarf es sowohl fachlicher und sachlicher Kenntnisse wie auch methodischer Fähigkeiten. Die einzelnen Teile zur Durchführung des Projekts werden in eine chronologische Reihenfolge gebracht. Handlungsziele werden festgelegt, die Rahmenbedingungen geprüft, Gruppen für die einzelnen Themenschwerpunkte gebildet. Die Lernenden können im Planungsprozess ihre Planungsfähigkeit verbessern und erweitern. Hilfestellung durch den Lehrenden ist aber unbedingt notwendig. Dazu dient auch die Einführung ständiger Metakommunikationsphasen. Entscheidungen, die in dieser Planungsphase getroffen worden sind, müssen jedoch revidierbar sein, sodass es bei der Durchführung des Projekts zu Veränderungen des Plans kommen kann.

4. Produktionsphase
Das angezielte Produkt wird hergestellt. Die gesammelten Informationen werden verarbeitet, ausgewertet und entsprechend dargestellt. In dieser Phase handeln die Schülerinnen und Schüler selbstständig. Meist arbeiten sie in unterschiedlichen Kleingruppen an einem Teilaspekt des Projekts. Diese Teilaspekte werden dann in der nächsten Phase zusammengebracht; es entsteht ein fertiges Produkt. Die Aktionsmöglichkeiten sind vielfältig: Die Teilnehmer können basteln, erkunden, befragen, lesen usw. um für die einzelnen Teilaspekte die notwendigen Informationen zu erhalten und sie in Ergebnisse umzuwandeln.

5. Abschlussphase
Der Abschluss eines Projekts sollte bewusst erfolgen, z. B. durch eine gemeinsame Aktivität oder Aktion (Informationsstand, Herstellung eines Films oder Buches, Ausstellung usw.). In einer Reflexionsphase steht allen Beteiligten die Möglichkeit offen Rückschau zu halten, zu sehen, was sie vorhatten und wie das Projekt tatsächlich realisiert wurde. Hier können auch Konsequenzen für die zukünftige Durchführung von Projekten gezogen werden.

Die Durchführung von Projektunterricht wird in den Schulen unterschiedlich gehandhabt. Er wird meist in Form von Projekttagen oder Projektwochen angeboten. Häufig wird Projektunterricht als Lückenfüller am Schuljahresende eingesetzt, was der Projektarbeit den nötigen Ernst nimmt. Sie erhält dann eher Freizeitcharakter. Außerdem wird dabei die Projektplanung meist verkürzt, da sie von der Lehrperson alleine durchgeführt wird. Letztlich führt dies zu dem unerwünschten Effekt, dass auch im Projekt selbst die Lehrkraft dominiert.

6.4.2 Beispiel für die Umsetzung eines Projekts in einer Klasse

Das hier beschriebene Beispiel wurde in einer siebten Klasse der Realschule durchgeführt. Es handelte sich nicht um gemeinsam von der Schule organisierte Projekttage, sondern um ein eigenständiges Projekt im Rahmen des üblichen Schulalltags. Die Klasse bestand aus fünfzehn Mädchen und elf Jungen. Sie war ansatzweise mit verschiedenen Lern- und Arbeitstechniken vertraut. Beispielsweise waren die Teilnehmer in der Lage Informationen aus einem verständlichen Text zu entnehmen, Fragen für ein Interview vorzubereiten, Plakate zu erstellen usw. Sie waren auch mit verschiedenen Sozialformen vertraut, sodass in kleinen Gruppen gearbeitet werden konnte. Die Lehrerin unterrichtete die Fächer Deutsch, Geschichte und Gemeinschaftskunde in der Klasse. Zu Beginn des Schuljahres wurde mit den Schülerinnen und Schülern ein Thema abgesprochen, das diese in Projektform bearbeiten sollten. Dabei wurden folgende Vorschläge durch die Lehrerin unterbreitet:
- Herstellung eines Fabelbuches
- Steinzeit
- Schule früher und heute
- Wir spielen Theater
- Wir basteln Marionetten und führen ein Marionettentheater auf

Die Vorschläge wurden an die Tafel geschrieben und von der Lehrerin kurz erläutert. Es handelte sich dabei um Themen, die einen direkten Bezug zum Bildungsplan aufweisen und im Rahmen der von der Lehrerin unterrichteten Fächer bearbeitet werden konnten. Die Lernenden konnten unter diesen

Voraussetzungen weitere Projektideen einbringen. Folgende Themen kamen hinzu:

- Wir schreiben selbst ein Jugendbuch
- Insel der blauen Delfine – wir erstellen eine Inselkartei
- Wir bauen ein Steinzeitdorf

Nach ausführlicher Diskussion einigten sich die Schülerinnen und Schüler auf das Thema: Schule früher und heute. Somit war die Themenfindung abgeschlossen und eine Projektidee lag vor. In einer Informationsphase erläuterte die Lehrerin die mögliche Unterrichtseinheit. Die Klasse diskutierte die verschiedenen Möglichkeiten und einigte sich auf die Bearbeitung der Themen in Gruppen. Als mögliche Themen wurden die folgenden vorgeschlagen:

- Schule heute: SMV, gesetzliche Regelungen, unsere Hausordnung
- Schule heute: Wie denken unsere Mitschüler über unsere Schule?
- Schule früher: Worin unterscheidet sie sich von unserer heutigen Schule?
- Schule früher: Wir wollen ›Schule früher‹ nacherleben
- Schule allgemein: Was denken die Menschen über die Schule?

Um Informationen für diese Themen zu erhalten, hatten die Schülerinnen und Schüler alte Schulbücher durchforstet und bereits zu Hause Eltern, Großeltern und Bekannte befragt. Das aktuelle Schulbuch gab viele Informationen über heutige Schulverhältnisse. Ein Besuch im Schulmuseum sollte zusätzliche Anregungen liefern. Die Schülerinnen und Schüler einigten sich darauf, am Ende des Projekts eine Zeitung über das Thema »Schule früher und heute« anzufertigen.

Nun ging es in die Planungsphase. Zehn Stunden sollten für das Projekt verwendet werden. Das bedeutete, dass für zwei Wochen in Deutsch, Geschichte und Gemeinschaftskunde der übliche Unterricht durch diese Projektarbeit ersetzt wurde. Der Besuch im Schulmuseum sollte am Ende der ersten Woche stattfinden. Sechs Arbeitsgruppen wurden eingerichtet, die sich mit folgenden Themengebieten beschäftigten:

1. *Gruppe:* Vorbereitung, Nachbereitung und Organisation des Schulmuseumsbesuch
2. *Gruppe:* Erstellen und Durchführen eines Interviews mit Menschen, die vor über zwanzig Jahren zur Schule gegangen sind
3. *Gruppe:* Befragung der Mitschüler über ihre Einstellung zur Schule
4. *Gruppe:* Sammeln von Informationen über unser heutiges Schulwesen
5. *Gruppe:* Schule, wie sie sich in der Literatur darstellt
6. *Gruppe:* Eine Schulklasse im 19. Jahrhundert: Wir spielen eine Unterrichtsstunde nach.

Nun arbeiteten die Schülerinnen und Schüler sechs Stunden lang in ihren Projektgruppen. In der Mitte dieser Zeit wurde der Schulmuseumsbesuch durchgeführt. Mit vielen neuen Eindrücken und erneuter Motivation arbeitete die Klasse dann weiter an ihren Themen. Die Gruppe sechs bekam viele Anregungen aus dem Museum, da auch dort mit der Klasse eine Schulstunde aus früherer Zeit nachgespielt wurde. Die Gruppen fassten ihre Ergebnisse zusammen und stellten sie in einer Abschlussphase der Klasse vor. Offene Fragen wurden geklärt. Dann hielten die einzelnen Gruppen ihre Ergebnisse schriftlich fest und erstellten ein gemeinsames Manuskript. Auch in diesem Stadium wurde arbeitsteilig verfahren. Die einen schrieben, die anderen kopierten, wieder andere besorgten Schnellhefter, in die dann jedes Kind die Zeitschrift abheften konnte. Am Ende verfügte jeder Teilnehmer über eine eigene Zeitschrift mit den Ergebnissen des Projekts. Die Schülerinnen und Schülern bewerteten die Einheit positiv und waren weiteren Projektvorhaben gegenüber optimistisch eingestellt.

7 Anregungen und Materialien aus psychologischen Trainingskonzepten

7.1 Reziprokes Training

Eine Variante des kooperativen Lernens (s. *Abschnitt 5.3*), die explizit die zunehmende Selbststeuerung der Lernenden im Blick hat, ist die ›reziproke Lehrmethode‹ (vgl. BROWN / PALINCSAR 1989). Im Zentrum dieses Ansatzes steht die kooperative Bearbeitung von Texten. Innerhalb der dabei entstehenden Lerngemeinschaften sind alle zugleich Lehrende und Lernende.
Die Lernenden übernehmen abwechselnd die Funktionen des Lehrers. Der eigentliche Lehrer fungiert gelegentlich als Modell und durchgängig als Helfer. Während im konventionellen Unterricht der Lehrer fast alles plant, kontrolliert, beurteilt und weiß, ist es in Lerngruppen mit reziproker Instruktion völlig anders: Lernende formulieren ihre eigenen Fragen und übernehmen Verantwortung für die Qualität ihrer Fragen. Gelesen wird um das Gelesene zu verstehen, aufzuschreiben, zu kommunizieren oder anderen zu vermitteln.

Lerntexte werden in der Regel abschnittsweise bearbeitet. Vier strategische Aktivitäten strukturieren sowohl den intrapersonalen (z. B. mit dem Autor des Textes) als auch den interpersonalen Dialog (z. B. mit den Lernpartnern) (vgl. BROWN / PRESSLEY 1994; PARIS / WINOGRAD 1990):

- Fragen zum Text formulieren
- Den Text zusammenfassen
- Vorhersagen darüber machen, was als nächstes im Text folgt
- Schwierigkeiten mit dem Text klären

Insgesamt sind die Ergebnisse zur reziproken Instruktion pädagogisch sehr ermutigend. Die Abkehr von traditionellen Lehr-Lernpraktiken führt zu signifikanten Verbesserungen sowohl hinsichtlich der Fähigkeit zum Denken als auch bezüglich des bereichsspezifischen Wissens über den Lerngegenstand (vgl. BROWN / CAMPIONE 1990; WEINERT 1996). Ferner gibt es Belege für günstige Auswirkungen auf die Lernleistungen und auf positive Effekte auf die Motivation, das soziale Verhalten und die persönliche Selbstständigkeit (vgl. COHEN et al., 1989; SLAVIN 1996; HELMKE / WEINERT 1997).

Das folgende Anwendungsbeispiel verdeutlicht in leicht modifizierter Form die Anwendung der reziproken Lehre durch Lerntandems. Grundlegend ist ein Studientext zum Thema: »Lernen in Gruppen«. Die Tandemarbeit beginnt mit einer Instruktion des nicht anwesenden Leiters.

Erster Teil: Instruktion

Den Teilnehmern liegt die folgende Instruktion vor:

> Vor Ihnen liegen einige Kärtchen, die Begriffe darstellen. Ihre Aufgabe besteht darin, den Begriff Ihrem Partner zu *erklären*. Wenn Sie mit einem der Begriffe nichts anfangen können, dürfen Sie mit Ihrem Partner tauschen. Er muss Ihnen dafür ein eigenes Kärtchen geben. Wer fertig ist, legt sein Kärtchen sichtbar vor sich hin.

Die Begriffe auf den entsprechenden Kärtchen lauten:

Wissen | **Lernen** | **Gruppenarbeit**

Metakognition | **Partnerarbeit**

Frontalunterricht | **Lernstrategien**

Der weitere Verlauf der Partnerarbeit wird durch auf Kärtchen niedergeschriebene Fragen gesteuert. Eine erste Fragerunde findet bereits vor der Textlektüre statt.

Erster Fragenkomplex: Vor dem Lesen

Anweisung an die Teilnehmer:
Bitte nehmen Sie die erste Karte und befragen Sie Ihren Partner.
Die beiden ersten Karten für die Partner:

> **Partner A**
>
> – Was ist die Aufgabe? Was sollen wir genau tun?
>
> – Worum geht es vermutlich in diesem Text? Worüber wird informiert?
>
> – Welchen persönlichen Nutzen erhoffst du dir von der Bearbeitung dieses Themas?

Partner B

- Wie können wir am besten vorgehen? Was schlägst du vor?
- Was willst du genau erreichen? Wie soll das Ergebnis aussehen?
- Wie fühlst du dich? Wie ist deine Motivation jetzt?

Nach diesem ersten Austausch sollten die Teilnehmer den Text abschnittweise lesen und sich dabei an den vorgegebenen Fragen orientieren.

Erste Überschrift: .... Bitte eintragen

Unsere Vorstellungen von Lehre und Unterricht sind derzeit tief greifenden Veränderungen unterworfen. Davon betroffen sind vor allen Dingen die typischen Kommunikations- und Rollenmuster des traditionellen lehrerzentrierten Unterrichts. Gefordert werden zunehmend kooperative Lernformen, die den Lernenden mehr Kontrolle und Verantwortung für ihren eigenen Lernprozess überlassen. Von kooperativem Lernen soll im folgenden dann die Rede sein, wenn Lernende wechselseitig kommunizieren, aktiv zusammenarbeiten um gemeinsame Ziele zu verwirklichen und Verantwortung für den individuellen wie auch für den gemeinsamen Lernprozess übernehmen. In den folgenden Abschnitten werden die Besonderheiten kooperativer Lernformen beschrieben. Dabei kommen auch empirische Untersuchungsergebnisse und praktische Anwendungsmöglichkeiten zur Sprache.

Zweiter Fragenkomplex: Nach dem ersten Abschnitt

Anweisung an die Teilnehmer:
Bitte nehmen Sie die zweite Karte und befragen Sie Ihren Partner.
Die beiden zweiten Karten für die Partner:

Partner A

- Gibt es einen Begriff, den du dir nicht erklären kannst?
- Welche Beispiele fallen dir zu dem ein, was da steht?
- Kannst du daraus schon Schlussfolgerungen (z.B. für deinen zukünftigen Beruf) ziehen?

Partner B

- Welches sind die wichtigsten Punkte in diesem Abschnitt?
- Was sind deine persönlichen Erfahrungen mit Partner- oder Gruppenarbeit?
- Bist du einverstanden mit dem, was da steht?

Zweite Überschrift: .... Bitte eintragen

Es gibt gute Gründe im Unterricht vermehrt auf die Zusammenarbeit der Lernenden zu setzen. Schon der Feldtheoretiker Kurt LEWIN (1963) erkannte, dass ausschließlich in Vortragsform übermittelte Informationen nicht wesentlich zur menschlichen Persönlichkeitsentwicklung beitragen. Von lehrerzentrierten, verbal-abstrakten Informationen kann allenfalls eine Minderzahl (ca. 10%) von Schülern (und Studenten) profitieren. Sollen persönlich bedeutsames (d. h. auch anwendungsrelevantes) ›Wissen‹ ebenso wie methodische und soziale Kompetenzen gefördert werden, so müssen die Lernenden den Unterricht (mit)verantworten. Voraussetzung hierfür sind Handlungs- und Entscheidungsspielräume. D. h. es müsste wahlweise, aber doch immer wieder, ein Wissensbereich zur Bearbeitung in die Hand der Lernenden übergeben werden.
Kooperative Lernformen können in Schule und Hochschule kompensatorisch wirken:

- Die Tatsache, dass in einer Gruppe bedeutend mehr als im traditionellen Unterricht auf den spontanen Ablauf des Gruppenprozesses geachtet wird vermag den Beteiligten aufzuzeigen, dass sie die Verantwortung für den Gruppenprozeß haben (›Lernbewusstsein‹).
- Die Dialoge zwischen den Teammitgliedern gehen über die bloße Reproduktion (unveränderte wortgetreue Wiedergabe) von Formulierungen der Lehrer oder Dozenten hinaus. Die Gruppe regt den einzelnen Lernenden dazu an das Gehörte durchzuarbeiten und auf die ihm gemäße Weise zu assimilieren (d. h. in sein Vorwissen zu integrieren). Eigene Gefühle und Überlegungen werden transparent.
- Indem soziale Lern- und Arbeitsprozesse das selbstständige Planen, Entscheiden und Organisieren notwendig machen, leisten sie einen entscheidenden Beitrag zu einer tragfähigen Selbsttätigkeit und Autonomie der Lernenden.
- In Verbindung mit dem selbstgesteuerten Lernen erlangen kooperative Lernformen auch deshalb Bedeutung, weil Individuen im wechselseitigen Dialog ihr Lernen in weiten Teilen selbst regulieren und auch über einen mehr oder weniger langen Zeitraum in Gang halten. Studierende lernen, eigene Fragestellungen zu entwickeln – anstatt bloß Kreuzworträtsel zu lösen.

Trotz der überwiegend positiven Einschätzung dürfen mögliche Probleme nicht übersehen werden: Kooperation funktioniert nicht zwangsläufig. Manche Lernende beteiligen sich kaum an gemeinsamen Deutungs- oder Problemlöseversuchen und erwarten, dass begabtere oder höher motivierte Lernpartner die Hauptarbeit leisten. Diese wiederum fühlen sich ausgenutzt und verringern ihre Anstrengung.

Dritter Fragenkomplex: Nach dem zweiten Abschnitt

Anweisung an die Teilnehmer:
Bitte nehmen Sie die dritte Karte und befragen Sie Ihren Partner.

Partner A

- Gibt es Begriffe, die dir sinnlos oder unverständlich vorkommen?
- Worum wird es wohl im nächsten Abschnitt gehen?
- Wie geht es dir gerade? Wie steht es mit deiner Motivation?

Partner B

- In welcher Beziehung steht das, was da steht zu dem, wie du denkst bzw. was du weißt?
- Ist unsere Strategie die beste Vorgehensweise? Gibt es andere Wege?
- Was waren in diesem Abschnitt für dich die zentralen Punkte?

Dritte Überschrift: .... Bitte eintragen

Mehrere Untersuchungen haben die positiven praktischen Erfahrungen mit kooperativen Lernformen bestätigt. Austausch und Diskussion tragen dazu bei, dass gegebene Aufgabenstellungen spezifiziert, d. h. besser verstanden werden. Wissenspsychologen verweisen darauf, dass jenes Wissen, das in Austausch und Diskussion erworben und erhärtet wird, viel stärker zum geistigen und emotionalen Besitz wird als jener Wissensstoff, den Lernende im Rahmen eines Vortrags oder einer Einzelunterweisung aufnehmen. Auch die Motivation sowie die Konzentrationsfähigkeit scheinen in der Zusammenarbeit maximiert zu werden, was weit reichende Auswirkungen für die Qualität von Lernprozessen und -ergebnissen nach sich zieht. Voraussetzung hierfür sind Aufgabenstellungen, die den sozialen Austausch gestatten und notwendig machen. Bei typischen individuellen Lernsituationen (z. B. Lernen am Computer) ist das naturgemäß weniger der Fall. Auch die Größe der Lerngruppen ist wichtig: Es kann nicht überraschen, dass das Lernen in Kleingruppen (z. B. Tandems) effektiver ist als das in Großgruppen (z. B. bei einer Gruppengröße von 20 Personen).

Aus der Sicht der Teilnehmer werden kooperative Lernformen als positiv und ermutigend erlebt, weil sie

- dem Einzelnen mehr Sicherheit und Rückendeckung geben, da die wechselseitige Vergewisserung sowohl die interne Klärung und Konsensbildung voranbringt als auch ein Mehr an Solidarität und Miteinander erfahrbar werden lässt;
- der drohenden Resignation und individuellen Überforderung vorbeugen, indem sie ein soziales Netzwerk bieten, Ideen spenden, Verantwortung reduzieren usw.;
- den Arbeitsaufwand der einzelnen Teammitglieder reduzieren, da durch die arbeitsteilige Vorgehensweise der Gesamtertrag der Arbeit gesteigert wird und die Zahl der Lehr/-Lernhilfen maßgeblich vergrößert werden kann;
- einen größeren Ideenreichtum gewährleisten, z. B. durch ›Ping-Pong‹-Effekte beim Brainstorming;
- dazu führen, dass eigene Ideen und Vorstellungen offen gelegt, reflektiert und modifiziert werden können.

Eines haben die bisherige Forschung und Praxis aber gezeigt: Kooperatives Lernen entsteht nicht von alleine und darf nicht dem Zufall überlassen bleiben. Es sind Vorkehrungen zu treffen, die die Zusammenarbeit anregen und strukturieren.

Vierter Fragenkomplex: Nach dem Lesen

Anweisungen an den Teilnehmer:
Bitte nehmen Sie die vierte Karte und befragen Sie Ihren Partner.

Partner A

- Bist du zufrieden, mit dem was wir erreicht haben? Wie bewertest du das, was wir in der letzten Stunde gemacht haben?
- Was müssten wir deiner Meinung nach noch machen, um den Text besser zu verstehen?
- Könntest du jetzt über den Text referieren?

Partner B

- Was fehlt? Was müsste deiner Meinung nach in dem Text noch behandelt werden?
- Was von dem, was wir jetzt gemacht haben, kannst du praktisch verwenden?
- Was weißt du jetzt Neues? Was war dir bisher noch nicht so klar?

7.2 Lernen in Gruppen

7.2.1 Von der Untergruppe ins Plenum

Lernen in Gruppen muss gelernt werden. Die Vielfältigkeit von sozialen Organisationsformen wie auch die zum Teil gravierenden Kompetenzunterschiede zwischen den Gruppenmitgliedern erfordert vielfach einen erhöhten Steuerungsbedarf und ein Mehr an Feinabstimmung. Dieses wird nicht selten vernachlässigt. Betrachtet man exemplarisch den Übergang von der Kleingruppenarbeit ins Plenum, stellt sich die Aufgabe etwas phasenweise Getrenntes (die Untergruppen) wieder inhaltlich und sozial zusammenzuführen. Dafür gibt es unterschiedliche Verfahren, die jeweils spezifische Vor- und Nachteile haben (vgl. GEISSLER 1995):

- *Gruppenberichte*
  Die übliche Form der Ergebnisdarstellung besteht darin, dass Sprecherinnen und Sprecher einzelner Gruppen der Reihe nach ihre Ergebnisse berichten. Die Erfahrung zeigt, dass bei diesem Verfahren kaum jemand zuhört und dass die Situation häufig zur Konkurrenz um die beste Kleingruppenarbeit verführt.

- *Austauschgruppen*
  Vorteilhafter sind sogenannte Austauschgruppen. Aus den einzelnen Gruppen finden sich jeweils ein oder zwei Personen zu einer Gruppe zusammen. In den neuen Gruppen werden dann die Ergebnisse ausgetauscht. Ohne den Druck der Öffentlichkeit kann dieser Austausch konkurrenzloser, offener und persönlicher geschehen. Diese Methode bringt es mit sich, dass sich die Bindungen an die ›älteren‹ Kleingruppen rasch auflösen.

- *Austausch per Delegation*
  Ähnlich der eben vorgestellten Methode schickt jede Kleingruppe einen

Vertreter bzw. eine Vertreterin in eine neue Runde. Diese ist hier allerdings kreisförmig mitten im Raum des Plenums aufgebaut. Die Gruppendelegierten besprechen die Ergebnisse der ursprünglichen Gruppe. Die übrigen Teilnehmerinnen und Teilnehmer sitzen reihum und hören zu. Der Nachteil des Verfahrens ist der hohe Gruppendruck, der auf den Delegierten lastet. Die Folge sind häufig überflüssige Konkurrenzen, die die späteren Interaktionen belasten.

- *Sichtbarmachen der sozialen Kleingruppensituation*
  Die Kleingruppen stellen ihre soziale Situation und deren Entwicklung in demonstrativer Art und Weise dar. Dazu eignen sich insbesondere nonverbale Formen der Präsentation, wie z. B. Pantomime, Darstellung durch eine Figur / Standbild, stilles Theater. Auf diese Weise wird die Kleingruppensituation für alle sichtbar und erlebbar. Daraus geht bereits hervor, dass hier viel Spontaneität möglich ist. Das Sichtbarmachen der sozialen Situation empfiehlt sich insbesondere für Veranstaltungen mit überwiegend sozialen Inhalten und verhaltensmodifizierenden Lernzielen (z. B. Trainings- oder Selbsterfahrungsgruppen).

- *Anfragen an Kleingruppe durch Kleingruppe*
  Hier stellen sich die Untergruppen gegenseitig Fragen zum Austausch. Die entsprechenden Fragen (maximal vier) werden zuvor von den Teilnehmern vorbereitet. Im weiteren Verlauf stellt eine Gruppe – durch einen Sprecher – Fragen, die andere antwortet. Schwierigkeiten kann es dann geben, wenn die Kleingruppen rivalisieren (vgl. GEISSLER 1995).

- *Verzicht auf die Auswertung*
  In manchen Fällen ist es sinnvoll auf einen Ergebnisaustausch völlig zu verzichten. Vor allem wenn sehr private Inhalte besprochen wurden, passen sie nicht für die öffentliche Situation des Plenums.

- *Informationsmarkt*
  Die inhaltlichen Ergebnisse der Kleingruppenarbeit werden visualisiert. Die Großgruppe wird mit Hilfe von Plakaten, Zeichnungen, Overheadfolien oder Pinwand informiert. Den Teilnehmerinnen und Teilnehmern wird dann Zeit gegeben, sich die Präsentationsstände anzusehen und bei einzelnen Gruppenmitgliedern Zusatzinformationen einzuholen (vgl. GEISSLER 1995).

7.2.2 Bewusstmachen von Gruppenprozessen: Metakommunikation

Der Begriff Metakommunikation bezeichnet den Sachverhalt, dass über Kommunikation kommuniziert werden kann. Die Beispiele aus dem alltäglichen

Miteinander sind zahlreich: »Sag mal, könntest du das nicht etwas lieber zu mir sagen?«; »Entschuldigen Sie, aber ich habe den Eindruck, Sie wollen mir gar nichts verkaufen!« oder in der Lehr-/Lernszene: »Sprechen Sie doch bitte weniger theoretisch, ich komme nicht mit.« (vgl. GEISSLER 1995).

Bei all diesen Äußerungen geschieht folgendes: Die Sprecherinnen und Sprecher treten aus der bisher gelaufenen Kommunikation (Gespräch) heraus und machen die Kommunikation zum Thema des Gesprächs. Die Vorsilbe ›Meta‹ bringt hier zum Ausdruck, dass sich die Beteiligten über die Kommunikation stellen. Sie sehen sich und die jeweiligen Kommunikationspartner gleichermaßen aus der Perspektive der ›Draufsicht‹ (›Überfliegerkommunikation‹).

Für gewöhnlich wird im Alltag dann metakommuniziert, wenn sich einer der Kommunikationspartner durch die Art und Weise des Gesprächs gestört fühlt, am Gespräch nicht mehr teilnehmen kann oder will. Allerdings ist es im Unterrichtsalltag eher die Ausnahme, dass ein Kommunikationspartner die störenden Aspekte der Kommunikation zum Thema macht. Viel häufiger wird die Kommunikation im Störungsfall abgebrochen.

Welchen Nutzen hat nun die Metakommunikation für die Förderung selbstverantworteter Lernprozesse? In verschiedenen Aus- und Weiterbildungskonzepten wurden in letzter Zeit zunehmend Phasen der Metakommunikation im Unterricht eingebaut. Es handelt sich hier um Phasen, in denen ›Unterricht über Unterricht‹ gemacht wird. Hierdurch ist es wenigstens teilweise möglich, den Verlauf der Kommunikation an den Bedürfnissen der Beteiligten auszurichten, fehlerhafte oder störende Kommunikation zu korrigieren und die Teilnehmerinnen und Teilnehmer in die Gestaltung des Lehr-/Lernprozesses mit einzubinden.

So kann z. B. Metakommunikation bereits zu Beginn von Veranstaltungen gefördert werden, indem man Regeln zur Kommunikation bekannt gibt oder gemeinsam entwickelt (vgl. BÖNSCH 1995) (z. B. »Unterbrechen Sie mich, wenn Sie nicht mehr mitkommen.«). Gleichfalls gefördert werden kann Metakommunikation durch eine sogenannte Reflexionsphase am Ende von Lerneinheiten (z. B. »Wie haben Ihnen die letzten beiden Sitzungen gefallen?« »Was fehlt Ihnen noch?«). Schließlich gibt es die Möglichkeit einen Fragebogen anzuwenden, der sich auf den Unterrichtsprozess bezieht und am Ende einer Sitzung oder Lerneinheit ausgefüllt wird. Die folgenden Beispiele wollen einige Anregungen für die Praxis geben:

Beispiel 1: Qualitative Lernanalyse

Bitte beantworten Sie, so offen wie es Ihnen möglich ist, die folgenden Fragen:

- Was habe ich heute gelernt? Was habe ich für mich erreicht?
- Welches war für mich die wichtigste Erkenntnis?
- Woran möchte ich weiterarbeiten?
- Wie haben wir in der Gruppe zusammengearbeitet? War unsere Arbeit produktiv?
- Habe ich etwas über meinen eigenen Lernprozeß erfahren? Was?
- Habe ich gelernt, meinen eigenen Lernprozeß besser zu kontrollieren?
- Wie bin ich mit den Arbeitsmethoden zurechtgekommen? Welche haben mir zugesagt, welche weniger?

Qualitative Lernanalyse und ähnliche Instrumente dienen zur Selbstreflexion aller am Lehr-/Lernprozess Teilnehmenden und können am Beginn der nächsten Lerneinheit genutzt werden, um das Lehr-/Lerngeschehen zu problematisieren und Veränderungen einzuleiten.

Beispiel 2: Stimmungsbarometer

Um metakommunikative Phasen systematisch anzuzeigen, empfiehlt sich ein so genanntes ›Stimmungsbarometer‹. Zu Beginn, aber auch am Ende einer Sitzung oder eines Seminarabschnittes machen die Beteiligten ein Kreuz an jener Stelle der untenstehenden Skala, die ihr subjektives Befinden zutreffend wiedergibt (s. *Abbildung 19*).

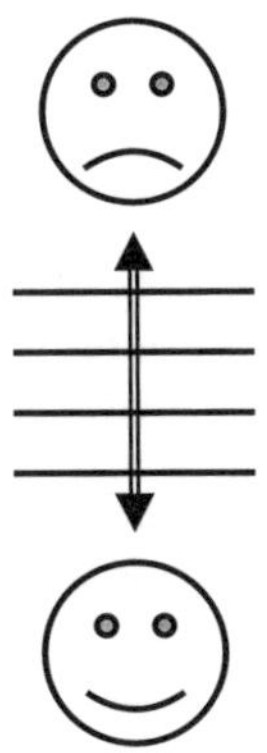

Abb. 19: Stimmungsbarometer

Bei starken Abweichungen und extremen Markierungen im negativen Bereich ist angezeigt zu Beginn der nächsten Seminareinheit auf die Schwierigkeiten einzugehen und zu versuchen, die Ursachen dafür zu analysieren und, wenn möglich, etwas zu verändern (vgl. GEISSLER 1995).

Eine Variante

Die folgende Alternative des Seminarbarometers (s. *Abbildung 20*) versucht die inhaltliche Ebene des Lehr-/Lernprozesses mit der soziodynamischen Dimension zu verbinden (vgl. GEISSLER 1995).

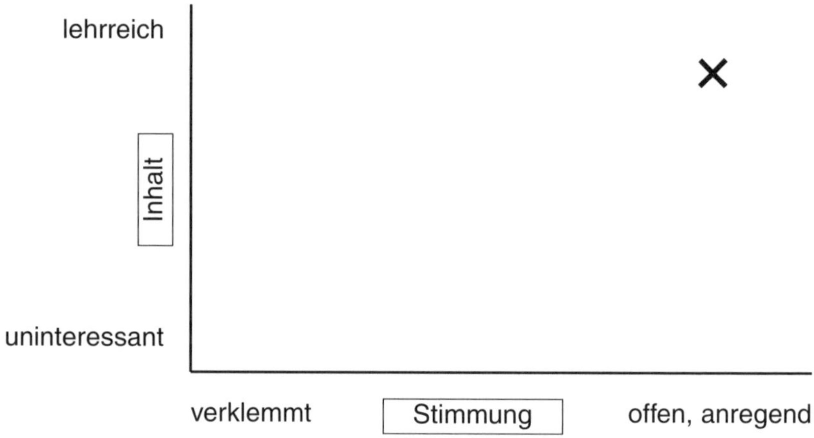

Abb. 20: Seminarbarometer

Das Kreuz in *Abbildung 20* zeigt an, dass der Unterricht oder die Lehrveranstaltung zum einen als inhaltlich lehrreich, zum anderen als anregend bewertet wird.

Sieht man Lernende nicht als mit Lehrstoff aufzufüllende Gefäße, sondern als Kommunikationspartner, die Situationen gestalten können und wollen, dann ist Metakommunikation im Lernprozess unverzichtbar. Aber, vor dieser Illusion sei gewarnt, sie ist nicht der Lösungsweg aus allen Schwierigkeiten, die mit dem Lehren und Lernen nun einmal verbunden sind. Metakommunikation ist natürlich auch Kommunikation und damit genauso anfällig für Fehler und Störungen wie die Kommunikation selbst. Es kommt, wie häufig im Leben, auch hier auf die Dosis an. Denn zuviel Verhaltenstransparenz stört und zerstört die Bedingungen sozialen Zusammenlebens, weil vieles unsicher ist (vgl. GEISSLER 1995).

7.2.3 Konstruktive Kontroverse

Soll die Methode der ›Konstruktiven Kontroverse‹ wirksam eingesetzt werden, müssen mehrere Voraussetzungen erfüllt sein. Lerngegenstände sollten mehrere Dimensionen aufweisen, zu unterschiedlichen Sichtweisen herausfordern oder alternative Formen der Auseinandersetzung oder gar widersprüchliche Interpretationen zulassen. *Tabelle 7* zeigt ein Beispiel hierfür.

Pro Gruppenarbeit	**Kontra Gruppenarbeit**
– soziale Kompetenz – kognitiver Konflikt – Wissenszuwachs durch gegenseitige Anregungen	– schlecht vorbereitet – unmotivierte Teilnehmer – leistungsstarke Teilnehmer werden ausgenutzt

Tab. 7: Pro und kontra Gruppenarbeit

Sind diese Voraussetzungen gegeben, dann kann jedes Gruppenmitglied seinen Fähigkeiten und Interessen entsprechend etwas zum gemeinsamen Lernprozess beitragen (vgl. HUBER 1991). Bei der ›konstruktiven Kontroverse‹ handelt es sich um eine kooperative Lernstrategie, die sich auch zur Anwendung in großen Gruppen eignet.

1. Zur Anregung konstruktiver Kontroversen kann im üblichen Unterricht ein komplexer Sachverhalt zunächst einmal gemeinsam so strukturiert werden, dass die verschiedenen Dimensionen für alle erkennbar werden.

2. Anschließend werden Gruppen zu je vier Personen gebildet.

3. Jeweils ein Lerntandem wendet sich einem Teilgebiet einer kontroversen Frage- bzw. Problemstellung zu. Jedes Tandem arbeitet seinen Teil aus. In Partnerarbeit klären die Teilnehmer die eigene Position, suchen Argumente zur Stützung der eigenen, aber auch zur Entkräftung der vermeintlichen Gegenargumente des anderen Paares.

4 Anschließend werden die Inhalte in der Vierer-Gruppe zusammengetragen und diskutiert. Hier wird die Kontroverse ausgetragen.

5. Nach einer festgelegten Zeitspanne wechseln die Lernpaare die Seite und argumentieren aus der Sicht des oppositionellen Paares (›role-taking‹).

6. Um konstruktive Debatten zu unterstützen, erhalten die Gruppen die Zusatzaufgabe am Ende ein gemeinsames Kommunique, eine Presse-Erklä-

rung, eine Wandzeitung etc. als Basis der Präsentation ihrer Auseinandersetzung vor der Gesamtgruppe zu erarbeiten.

7. Bei Bedarf erhält jedes Gruppenmitglied einen Testbogen, anhand dessen es sein Verständnis überprüfen kann.

7.3 Erfahrungen mit einzelnen Techniken und Methoden in der Anwendung

7.3.1 Anwendungsbeispiel: Pädagogischer Doppeldecker

Mit Problemen des Transfers des einmal erworbenen Wissens in die Praxis ist zu rechnen, wenn Studierende sich dieses Wissen nur rezeptiv aneignen. Die psychologische Trainingsforschung (s. die *Abschnitte 4.1* und *5.1*) spricht in diesem Zusammenhang von »trägem Wissen«. Es treten Störungen oder Probleme auf, wenn rein rezeptiv erworbenes Wissen praktisch genutzt werden soll. Vor allem kann der Studierende nicht adäquat auf unvorhergesehene Begebenheiten reagieren, weil ihm solche Situationen nicht bekannt sind und er auf kein entsprechendes Wissen zurückgreifen kann. Es gelingt ihm deshalb nicht sich in die Situation hineinzuversetzen, die angemessenen Lösungsstrategien fehlen.

Einen Ausweg aus diesem Dilemma bieten konstruktivistische Überlegungen. Danach müssen die in der pädagogischen Praxis Tätigen die Praxisrelevanz von theoretischen Konzepten schon während der Ausbildung bzw. im Studium konkret erleben. Bereits Studierende müssen Theorien ›am eigenen Leibe erfahren‹ haben, bevor sie diese in ihrem Aufgabenfeld anwenden.

Der ›Pädagogische Doppeldecker‹ stellt eine Übersetzungshilfe zur Umsetzung neu erworbenen Wissens dar. Dabei wird das Bild des mit zwei Tragflächen ausgestatteten Flugzeugs auf die Ausbildungssituation an der Hochschule übertragen (s. *Abbildung 21* und *Tabelle 8*).

Auf selbstgesteuerte Lernprozesse angewendet bedeutet dies, dass die Studierenden pädagogisch-psychologischer Fachrichtungen zunächst selbst Methoden selbstgesteuerten Lernens erfahren und erleben müssen, bevor sie mit ihren Lerngruppen damit arbeiten.

Um es noch einmal am Bild des Doppeldeckers zu verdeutlichen: Die Tragfläche A auf der einen Seite des Flugzeugs wird vom Lehrenden dazu benutzt, seine Studierenden die von ihm zu vermittelnde Theorie selbst erfahren zu lassen. Der Studierende wird mit verschiedenen Methoden selbstgesteuerten Lernens vertraut gemacht, wobei Übung und Anwendung einen breiten Raum einnehmen. Die Methoden der Selbststeuerung werden ihm nicht theoretisch vermittelt; sie werden für ihn praktisch erfahrbar. In dieser Situation benutzt der Studierende die Tragfläche A. Wechselt man die Perspektive (bzw. Tragfläche), so rückt der Studierende als Lehrender in den Blickpunkt, der die Methoden aufgrund seiner eigenen Erfahrungen sinnvoll an seine Schülerinnen und Schüler weitergeben kann. Wichtig ist: Nur durch die selbst gemachten Erfahrungen bleibt das Flugzeug im Gleichgewicht und kann sich in ruhigem Flug vorwärtsbewegen. Der Studierende kann sich gut in die Rolle der Lernenden hineinversetzen, weil er selbst bestimmte Probleme zu bewältigen hatte und deshalb sinnvolle Lösungsansätze zu finden in der Lage ist. Zumindest ist er auf bestimmte Probleme vorbereitet und hat sich Gedanken zu deren Lösung gemacht.

Abb. 21: Zwei Tragflächen des Pädagogischen Doppeldeckers

In elaborierter Form und für spezifische Lernsequenzen findet man das eben skizzierte Vorgehen in den Phasen des erfahrungsorientierten Lernens, das der Gestaltpädagogik zuzuordnen ist (vgl. FATZER 1998):

1. *Planung:* Vorbereitung der einzelnen Teile der Lernerfahrung

2. *Einführung:* allgemeine Ausführungen und spezifische Instruktionen zu jeder Aktivität im Rahmen der Lernerfahrung

3. *Aktivität:* erfahrungsorientiertes Lernen unter Verwendung adäquater Hilfsmittel und Materialien

4. *Austausch:* Benennung der eigenen Gefühle, Erfahrungen und Eindrücke

5. *Zusammenfassung:* Vermittlung einer Perspektive zu Inhalt und Prozess der Lernerfahrung. Übertragung des gesamten Lernprozesse auf den schulischen und beruflichen Alltag

6. *Auswertung:* Wirksamkeit einer Lernerfahrung beleuchten und eventuell Korrekturen vorbereiten

Tabelle 8 zeigt die Kernaspekte des Pädagogischen Doppeldeckers:

Tragfläche A_1 Dozent lässt Methode erfahren	**Tragfläche B_1** Student kann Methode durch eigene Erfahrung weitergeben
Tragfläche A_2 Student erfährt Methode am eigenen Leib	**Tragfläche B_2** Schüler kann Methode sinnvoll praktizieren

Tab. 8: Pädagogischer Doppeldecker

Pädagogischer Doppeldecker am Beispiel der Freiarbeit

Freiarbeit ist eine Methode, durch die Ansätze selbstgesteuerten Lernens in Gang gesetzt werden können. Obwohl sie auf die Tradition der Reformpädagogik zurückgeht, gilt sie als relativ neue Unterrichtsmethode, die erst in letzter Zeit Einzug in die Schulen hält. Für Studierende bedeutet dies, dass sie selbst über kein Erfahrungswissen mit der Methode Freiarbeit verfügen und deshalb auch keine Selbstreflexionen durchführen können. In der Hochschule gibt es nun zwei Möglichkeiten sich mit dieser neuen Unterrichtsmethode auseinanderzusetzen: zum einen, indem theoretische Erkenntnisse zur Freiarbeit erworben werden, zum anderen, indem Freiarbeit im Pädagogischen Doppeldecker erfahren wird.

Wir erachten eine Mischform aus diesen beiden Möglichkeiten als sinnvoll. Wie in den integrierten Ansätzen beschrieben wurde (s. *Abschnitt 5.5*), müssen Studierende langsam in den Prozess des selbstgesteuerten Lernens eingeführt werden. Sie müssen den Weg vom stärker angeleiteten zum eher selbstorganisierten Lernen gehen, und dazu benötigen sie Zeit. Unsere Konzeption sieht deshalb vor, Studierende langsam und behutsam an die Ideen der Freiarbeit heranzuführen, damit die Chancen der Methode für die Studierenden erkennbar werden und sie diese Methode nicht als wertlos aus ihrem Repertoire verbannen.

Zunächst muss den Studierenden in einer Metakommunikation der Sinn des Pädagogischen Doppeldeckers deutlich gemacht werden. Sie müssen sich mit dieser Vorgehensweise einverstanden erklären und sie mittragen. Nur dann kann sie zu einer sinnvollen Unterrichtsform werden. Damit sich die Studierenden überhaupt mit Freiarbeit beschäftigen können, sollten sie eine theoretische Einführung in die Methode erfahren. Darauf kann dann eine Vertiefung und eine Wiederholung durch den Pädagogischen Doppeldecker aufgebaut werden. Ein Pädagogischer Doppeldecker kann hier auf zweierlei Art zur Anwendung kommen:

1. Es werden Materialien über den Themenbereich Freiarbeit zur Verfügung gestellt, sodass sich die Studierenden weiter in den Bereich der Freiarbeit einarbeiten können.

2. Es werden Schülermaterialien zur Verfügung gestellt, mit denen die Studierenden arbeiten können um sich so in die Situation der Lernenden hineinversetzen zu können.

Beide Möglichkeiten erscheinen als Übersetzungshilfe für die Umsetzung von Freiarbeit in den Schulalltag hilfreich und wichtig. Ein erwünschter Nebeneffekt darf hier nicht unerwähnt bleiben: Die Studierenden werden zu selbstständigem Arbeiten angeregt, indem sie sich nach ihren eigenen Interessen und Schwerpunktsetzungen dem Bereich der Freiarbeit annähern und sich vertiefend in diesen Bereich einarbeiten.

7.3.2 Anwendungsbeispiel: Netzwerk

Die Methode ›Netzwerk‹ wird in der Erwachsenenbildung, aber auch in Schule und Hochschule erfolgreich eingesetzt. Besonders geeignet ist das Netzwerk am Ende einer Unterrichtseinheit zur Wiederholung und zur gedanklichen Ordnung. Durch das Netzwerk kann sich jeder eine eigene gedankliche Struktur über den bisher besprochenen Stoff bilden. Das Netzwerk kann auch sinnvoll eingesetzt werden, um daran anschließend eine Sortieraufgabe (s. *Abschnitt 7.3.4*) oder eine Struktur-Lege-Technik (s. *Abschnitt 7.3.5*) durchzuführen. Für das Netzwerk werden verschiedene zentrale Begriffe auf Kärtchen geschrieben. Es sollten mehr Kärtchen sein als Teilnehmer. Jeder bekommt nun nach dem Zufallsprinzip ein Kärtchen zugewiesen. Anschließend besteht die Möglichkeit des Tauschhandels mit den Kärtchen. Es kann mit anderen Teilnehmern getauscht werden oder eines der Kärtchen gewählt werden, das noch niemand an sich genommen hat. In einer zweiten Phase vergewissern sich die Lernenden, ob sie zu ihrem Begriff etwas sagen können. Sie können dabei auch Informationen bei anderen Teilnehmern erfragen oder aus ihren Unterlagen entnehmen.

Nach dieser Vergewisserungsphase setzen sich alle Lernenden in einen Kreis und halten ihr Kärtchen in der Hand. Einer beginnt nun seinen Begriff zu erklären. Dann fährt derjenige fort, der glaubt, sein Begriff passe in den Zusammenhang der ersten Erklärung. So wird fortgefahren, bis alle Teilnehmer ihre Begriffe erklärt haben. Wer mit seiner Erklärung fertig ist, legt sein Kärtchen sichtbar vor sich hin. Durch das eigenständige Verknüpfen der Begriffe kann der Lernende seine in seinem Gedächtnis befindlichen Strukturen mit den aktuellen Begriffen verknüpfen und so den Lernstoff individuell verarbeiten. Das Netzwerk gibt Lernenden die Möglichkeit ihre bisherigen Gedankenstrukturen mit den neu gewonnenen Begrifflichkeiten zu vernetzen, um dadurch neuen Lerninhalten Sinn zu verleihen. Wie in *Abschnitt 3.1.2* beschrieben, handelt es sich hier um eine Elaborationsmethode, deren Anwendung im Zuge des selbstgesteuerten Lernens unerlässlich ist.

7.3.3 Anwendungsbeispiel: Partnerinterview

Als inhaltliche Zielsetzungen des Partnerinterviews gelten die Bearbeitung von Problemen, das Wiederholen von Lerninhalten und auch das Erfassen von Vorwissen und Interessen. Das Partnerinterview lässt sich in drei Phasen gliedern:

1. In einer ersten Phase werden Paare gebildet. Diese *Paarbildung* kann nach dem Zufallsprinzip (Sitzordung) oder verbunden mit Kennenlernübungen usw. erfolgen. Innerhalb eines Paares wird festgelegt, wer Partner A und wer Partner B ist. Es kann in dieser Phase sinnvoll sein, wenn der Leiter Vorgaben macht, z. B. Partner A ist derjenige, der den größeren Radiergummi hat, der jünger ist usw.

2. Die Paare erhalten in der zweiten Phase ein *Fragenblatt,* auf dem eine bestimmte Anzahl von Fragen stehen. Die Partner stellen sich abwechselnd diese Fragen. Partner A stellt alle Fragen mit geraden Zahlen, Partner B alle mit ungeraden Zahlen. Der andere Partner muss die an ihn gestellte Frage beantworten. Die Antworten können schriftlich festgehalten werden. Beide Partner können sich in ihren Antworten ergänzen. Auch ein Nachschlagen in Unterlagen ist durchaus möglich.

3. In einer dritten Phase bringen dann die Paare ihre Antworten ins *Plenum* ein. Dort können sie weiter diskutiert und Unklarheiten beseitigt werden.

Besonders wichtig beim Partnerinterview ist, dass die Lernenden in ihrem Lern- und Arbeitstempo arbeiten können. Sie sollen sich mit den einzelnen Fragen so lange beschäftigen, wie Bedarf dazu besteht. Das individuelle Lerntempo steht also im Vordergrund. Das Partnerinterview stellt eine

Methode dar, die individuelle und kooperative Elemente des selbstgesteuerten Lernens miteinander verbindet. Einerseits dominieren Austausch und Gespräch mit einem Lernpartner (s. *Abschnitt 5.3*), andererseits dient sie der individuellen Elaboration bestimmter Wissensbereiche (s. *Abschnitt 3.1.2* und *Abschnitt 5.4*).

7.3.4 Anwendungsbeispiel: Sortieraufgabe

Die Sortieraufgabe ist eine Technik, die vor allem zur Wiederholung bestimmter Lerninhalte angewendet wird. Es handelt sich um eine Methode der individuellen Wissensverarbeitung und gehört damit in die Kategorie der individuellen Lern- und Arbeitsformen. In den *Abschnitten 3.1* und *5.4* haben wir ausführlich darüber berichtet.

Die Lernenden erhalten damit am Ende einer Unterrichtseinheit oder einer Lernsequenz Gelegenheit ihre individuellen Wissenslücken zu schließen. Von der Lehrkraft kann diese Technik aber auch eingesetzt werden um herauszufinden, welches Vorwissen die Lernenden mitbringen bzw. auf welche Lerninhalte verzichtet oder besonders intensiv eingegangen werden muss. Die Sortieraufgabe kann sich auch an eine Netzwerkphase anschließen, indem die Kärtchen des Netzwerks an alle Lernenden verteilt werden und mit diesen Kärtchen dann die Sortieraufgabe durchgeführt wird. Schließlich ist es möglich, die Sortieraufgabe einer Struktur-Lege-Technik (s. *Abschnitt 7.3.5*) vorzuschalten, damit sich die Lernenden zunächst einmal über die Bedeutung einzelner Begriffe Klarheit verschaffen können. Bei der Sortieraufgabe schreibt die Lehrperson alle zentralen Begriffe einer Unterrichtseinheit auf verschiedene Kärtchen, sodass auf je einem Kärtchen ein Begriff steht. Diese Kärtchen werden für alle Lernenden vervielfältigt. Jeder Teilnehmer erhält einen Stapel mit Kärtchen.

Die Aufgabe besteht nun darin den Stapel in zwei Hälften zu teilen. Auf die linke Seite werden die Kärtchen gelegt mit jenen Begriffen, die der Lernende beherrscht, die er also sicher kennt und auch erklären kann. Auf die rechte Seite kommen jene Begriffe, bei denen sich der Lernende unsicher ist oder die er nur teilweise kennt. Dieser Sortiervorgang geschieht in Einzelarbeit, da die Teilnehmer in der Regel unterschiedliche Wissenslücken aufweisen. Nach dem Sortieren nimmt sich der Lernende den rechten Stapel und befasst sich mit den entsprechenden Begriffen. Er versucht die Begriffe zu klären. Dazu kann er Bücher, eigene Unterlagen usw. verwenden. Wird ein Begriff ausreichend geklärt, wandert das entsprechende Kärtchen auf den linken Stapel.

Ziel ist es alle Kärtchen auf den linken Stapel zu bekommen. Die Sortieraufgabe dient der Lernwegdiagnose (s. *Abschnitt 5.2.1*). Sie unterstützt den Einzelnen darin festzustellen, wo seine persönlichen Lernlücken in dieser Unterrichtseinheit liegen; zugleich werden Maßnahmen ergriffen diese Lücken zu schließen. Die zur Verfügung stehende Lernzeit wird somit optimal zur Informationsverarbeitung genutzt. Die Lehrperson kann feststellen, wo Wissenslücken sind, und den weiteren Lernprozess darauf abstimmen bzw. auf einzelne Begriffe nochmals erklärend eingehen.

7.3.5 Anwendungsbeispiel: Struktur-Lege-Technik

Die Struktur-Lege-Technik hat dort ihren Platz, wo eine gedankliche Ordnung und Wiederholung geeignet erscheint, also vor allem am Ende einer Lernsequenz. Systematisch betrachtet, vereint die Struktur-Lege-Technik zwei Lernstrategien: die Organisations- und die Elaborationsstrategie (s. *Abschnitt 3.1.2*). In diesem Sinne handelt es sich um eine Anschlussmethode an das Netzwerk oder die Sortieraufgabe. So ist gewährleistet, dass die Lernenden mit den Begriffen der Struktur-Lege-Technik vertraut sind. Zunächst werden die zentralen Begriffe auf Kärtchen geschrieben, je ein Begriff auf ein Kärtchen. Die Begriffe sollten in einem engeren oder größeren Zusammenhang zueinander stehen. Die Lernenden erhalten nun einen Stapel Kärtchen. Sie haben die Aufgabe, die Begriffe in eine Struktur zu legen, sodass erkennbar wird, welche Begriffe inhaltlich zusammengehören oder von einem einzelnen als zusammengehörend betrachtet werden. Diese Aufgabe kann in verschiedenen Sozialformen angegangen werden: Einzelarbeit, Partnerarbeit oder Kleingruppenarbeit bieten sich an.

Die gelegten Strukturen werden anschließend miteinander verglichen und eventuelle Meinungen ausgetauscht. Dazu gehen die Lernenden im Raum umher und betrachten die gelegten Strukturen. Die Struktur-Lege-Technik ist eine Arbeitstechnik zur Unterstützung des individuellen selbstgesteuerten Lernens (s. *Abschnitt 5.4*). Für die Lernenden ist gewährleistet, dass sie die Lerninhalte individuell speichern und verarbeiten können. In eher spielerischer Form werden die vielfältigen Verknüpfungen, in die einzelne Begriffe eingebunden sind, sichtbar. Durch den Vergleich mit den visualisierten Strukturen der anderen Teilnehmer oder einer Expertenstruktur können die Lernenden ihr eigenes Denken überprüfen und gegebenenfalls relativieren. Sie können sich anderen Denkformen öffnen, und die Informationsverarbeitung kann flexibler werden.

8 Rückblick

Dass Lernende ihre eigenen Lehrer sein sollten, ist ein Trend in der pädagogischen Psychologie, der zunehmend an Bedeutung gewinnt. Die gesellschaftlichen (z. B. erfordert die Notwendigkeit lebenslangen Lernens die Entwicklung entsprechender Fähigkeiten) und theoretischen Argumente (z. B. günstige kognitive, motivationale und volitionale Rückwirkungen dieser Methode auf den Lernenden) liegen auf der Hand und wurden in dieser Schrift genannt. Typisch für selbstgesteuerte Lernformen ist, dass der oder die Lernende und die Lernprozesse im Mittelpunkt stehen. Das Lehren tritt zu Gunsten des Lernens in den Hintergrund. Dabei gehen wir davon aus, dass jedes Lernen und Verstehen ein Minimum an selbstgesteuerter Aktivität erfordert. So betrachtet, ist selbstgesteuertes Lernen zunächst einmal Voraussetzung für selbstgesteuertes Lernen. Darüber hinaus ist Selbststeuerung in unserer Gesellschaft aber auch ein begehrtes Ziel. Selbststeuerungsfertigkeiten werden mehr und mehr zu Lern- und Bildungsinhalten, die es neben fachlichem Wissen und Können zu entwickeln gilt. Eine Frage, die gegenwärtig kontrovers diskutiert wird, ist, ob sich dieses Ziel mit Selbststeuerung als Methode erreichen lässt (vgl. MANDL / REINMANN-ROTHMEIER 1995).

Bei unseren theoretischen Ausführungen lag der Schwerpunkt auf dem Entwicklungsstand kognitiver und metakognitiver Kompetenzen und auf den emotionalen, motivationalen und willentlichen Voraussetzungen. Neben funktional mehr oder minder autonom gewordenen Lerngewohnheiten, Arbeitshaltungen und Leistungseinstellungen gehören dazu ein positiv getöntes Selbstkonzept eigener Tüchtigkeiten, Techniken der Handlungseinleitung und Fertigkeiten der eigenständigen Manipulation von Gefühlen, Einstellungen und Aufmerksamkeitsverteilungen (vgl. WEINERT 1996).

Einen weiteren Punkt wollten wir ebenfalls deutlich machen: Schule und Hochschule als Orte expliziten und reflektierten Lernens kommt für die Entwicklung von Kompetenzen selbstgesteuerten Lernens eine grundlegende Bedeutung zu. Dabei plädieren wir für die Vereinbarkeit instruktionaler Aktivitäten mit aktiv-konstruktiven Lernprozessen. Nur so lassen sich grobe Leitlinien für die Gestaltung von Lernumgebungen entwickeln. Selbstständiges und selbst kontrolliertes Lernen bedarf in der Regel einer intensiven, didaktisch geschickten Einführung und Einübung. Die verschiedenen Varianten des offenen Unterrichts in der Schule können hierfür als Beispiel dienen.

Neuerdings wird in der Literatur die Notwendigkeit einer gut fundierten und differenzierten Wissensgrundlage betont. Dazu gehört (metakognitives) Wissen über eigene Ziele und Pläne, aber auch genügendes Sachwissen. Ist die jeweilige Differenz zwischen der individuellen Wissensbasis und den Anforderungen der konkreten Aufgabenstellung zu groß, besteht die Gefahr defizitärer Lernprozesse und eines unsystematischen, lückenhaften oder fehleranfälligen Kenntniserwerbs. Aus diesem Grund empfehlen wir für die Entwicklung des selbstgesteuerten Lernens Mischformen von extern gesteuertem und autonomem Lernen. Wie Lernaktivitäten zunehmend in die Hand der Lernenden übergeführt werden können, ist vor allem den dargestellten integrierten Ansätzen zu entnehmen (vgl. SIMONS 1992).

Auf dem Weg zu einer neuen Lehr-Lernkultur empfehlen wir eine Orientierung an den in *Abbildung 22* dargestellten Leitlinien.

Abb. 22: Eine neue Lehr-Lern-Kultur

Wer als Lehrender verantwortungsbewusstes Denken und Handeln ermöglichen will, muss dafür sorgen, dass

- die Lernenden das, womit sie sich beschäftigen, auch verstehen und sinnvoll in ihr Wissen einbauen;
- sie Zusammenhänge zwischen verschiedenen Wissensinhalten herstellen;
- nicht fertige Lösungen präsentiert werden, sondern Fehler und Widersprüche diskutiert, Hypothesen kritisiert und sogenannte allgemeingültige Wahrheiten in Frage gestellt werden;
- die Lernumgebung so gestaltet ist, dass sie den Umgang mit realistischen Problemen und authentischen Situationen ermöglicht und anregt;
- sich die Lernenden letztlich zu Personen entwickeln, die selbstständig sowohl allein als auch zusammen mit anderen anstehende Probleme lösen können (vgl. MANDL/REINMANN-ROTHMEIER 1995).

9 Literatur

ADL-AMINI, B.: Medien und Methoden des Unterrichts. Donauwörth 1994

AKADEMIE FÜR LEHRERFORTBILDUNG DILLINGEN: Freies Arbeiten: Realschule – Hauptschule – Gymnasium. Donauwörth o.J.

ALEXANDER, P. A.: Knowledge-seeking and self-schema: A case for the motivational dimensions of exposition. Educational Psychologist, 32 (1997), S. 83–94.

ARNOLD, W./EYSENCK, H. J./MEILI, R.: Lexikon der Psychologie. Freiburg 1987

BANDURA, A.: Social foundations of thought and action. A social cognitive theory. Englewood Cliffs, NJ 1986

BARTNITZKY, H.: Freie Arbeit und Leistungsbeurteilung. Lehrer Journal, 54 (1986), S. 215–216.

BASTIAN, J.: Offener Unterricht. Pädagogik, 47 (1996), S. 6–11.

BASTIAN, J./GUDJONS, H. (Hrsg.): Das Projektbuch. Theorie – Praxisbeispiele – Erfahrungen. 4. Auflage, Hamburg 1994

BASTIAN, J./GUDJONS, H. (Hrsg.): Das Projektbuch II. Über die Projektwoche hinaus. Projektlernen im Fachunterricht. 2. Auflage, Hamburg 1993

BEITINGER, G./MANDL, H.: Entwicklung und Konzeption eines Medienbausteins zur Förderung des selbstgesteuerten Lernens im Rahmen der betrieblichen Weiterbildung. Forschungsbericht Nr. 8, Institut für Empirische Pädagogik und Pädagogische Psychologie der Ludwig-Maximilians-Universität. München 1992

BEITINGER, G./MANDL, H./PUCHERT, C.: Konzeption und Evaluation des Medienbausteins »Impulse zum Weiterlernen«. Unterrichtswissenschaft, 22 (1994), S. 56–74.

BENNER, D.: Wilhelm von Humboldts Bildungstheorie. München 1990

BILDUNGSKOMMISSION NRW: Zukunft der Bildung – Schule der Zukunft. Denkschrift der Kommission »Zukunft der Bildung – Schule der Zukunft« beim Ministerpräsidenten des Landes Nordrhein-Westfalen. Neuwied 1995

BÖNSCH, M.: Differenzierung in Schule und Unterricht. München 1995

BROMME, R.: Kompetenzen, Funktionen und unterrichtliches Handeln des Lehrers. In F. E. WEINERT (Hrsg.): Enzyklopädie der Psychologie. Themenbereich D, Praxisgebiete: Ser. 1, Pädagogische Psychologie; Bd. 3: Psychologie des Unterichts und der Schule. Göttingen 1997, S. 177–212

BROWN, A./CAMPIONE, J. C.: Communities of learning and thinking, or a context by any other name. In D. KUHN (Hrsg.): Developmental perspective on teaching and learning thinking skills. Basel 1990, S. 108–126

BROWN, A. L.: Metakognition, Handlungskontrolle, Selbststeuerung und andere noch geheimnisvollere Mechanismen. In F. WEINERT/R. H. KLUWE (Hrsg.): Metakognition, Motivation und Lernen. Stuttgart 1984, S. 60–108

BROWN, A. L/PALINCSAR, A. S.: Guided, cooperative learning and individual knowledge acquisition. In L. B. RESNIK (Hrsg.): Knowing, learning, and instruction. Essays in honor of Robert Glaser. Hillsdale, NJ 1989, S. 393–451

CANDY, S.: Self-direction for lifelong learning. A comprehensive guide to theory and practice. San Francisco 1991

CIZEK, G. I: Learning, achievement, and assessment: Constructs at a crossroads. In G. D. PHYE (Hrsg.), Handbook of classroom assessment. Learning, achievement, and adjustment. San Diego 1997, S. 1–32

CLAUSSEN, C. (HRSG.): Handbuch Freie Arbeit. Konzepte und Erfahrungen. Weinheim 1995

COHEN, E. G.: Restructuring the classroom. Conditions for productive small groups. Review of Educational Research, 64 (1994), S. 1–35

CORNO, L.: Self-regulated learning. A volitional analysis. In: ZIMMERMANN, B. J./ SCHUNK, D. H. (Hrsg.): Self-regulated learning and academic achievement. New York 1989, S. 111–114

CUFFY, E. G./LOTTAN, R. A./LEECER, C.: Can classrooms learn? Social Education, 62 (1989), S. 75–94

DAUBENBÜCHEL, J./SCHULDT, W.: Wie frei ist die Freie Arbeit? Lehrer Journal, 54 (1986), S. 213–215

DECI, E. L./RYAN, R. M.: Intrinsic motivation and self-determination in human behavior. New York 1985

DECI, E. L./RYAN, R. M.: A motivational approach to self: Integration in personality. In: DIENSTBIER, R. (Hrsg.): Nebraska Symposium on Motivation 1990. Perspectives on Motivation. Lincoln 1991, S. 237–288

DECI, E., L./RYAN, R. M.: Die Selbstbestimmungstheorie der Motivation und ihre Bedeutung für die Pädagogik. Zeitschrift für Pädagogik, 39 (1993), S. 223–238

DEWEY, J./KILPATRICK, W. H.: Der Projektplan, Grundlegung und Praxis. Weimar 1935

DUBS, R.: Selbständiges (eigenständiges oder selbstgeleitetes) Lernen. Liegt darin die Zukunft? Zeitschrift für Berufs- und Wirtschaftspädagogik, 89 (1993), S. 113–117

DUDEN. Deutsches Universalwörterbuch (2. Aufl.). Mannheim 1989

EINSIEDLER, W.: Wissensstrukturen im Unterricht. Neuere Forschung zur Wissensrepräsentation und ihre Anwendung in der Didaktik. Zeitschrift für Pädagogik, 42 (1996), S. 167–191

EINSIEDLER, W./NEBER, H./WAGNER, A. C.: Selbstgesteuertes Lernen im Unterricht – Einleitung und Überblick. In: EINSIEDLER, W./NEBER, H./WAGNER, A. C. (Hrsg.): Selbstgesteuertes Lernen. Weinheim 1978, S. 13–32

ENTWISTLE, N./ENTWISTLE, A./TAIT, H.: Academic understanding and contexts to enhance it. A perspective from research on student learning. In: DUFFY, T. M./ LOWYCK, J./JONASSEN, D. H. (Hrsg.): Designing environments for constructive learning. Berlin 1993, S. 331–357

FATZER, G.: Ganzheitliches Lernen (5. Aufl.). Paderborn 1998

FLAVELL, J. H.: Metagognition and cognitive monitoring. A new area of cognitive-developmental inquiry. American Psychologist, 34 (1979), S. 906–911

FREY, K.: Die Projektmethode. 5., erweiterte und überarbeitete Auflage, Weinheim 1993

FRIEDRICH, H. F.: Analyse und Förderung kognitiver Lernstrategien. Empirische Pädagogik, 9 (1995), S. 115–153

FRIEDRICH, H. F.: Selbstgesteuertes Lernen, Lernstrategien, Schule. Tübingen 1997

FRIEDRICH, H. F./MANDL, H.: Psychologische Aspekte autodidaktischen Lernens. Unterrichtswissenschaft, 18 (1990), S. 197–218

FRIEDRICH, H. F./MANDL, H.: Analyse und Förderung selbstgesteuerten Lernens. In: WEINERT, F. E./MANDL, H. (Hrsg.): Enzyklopädie der Psychologie. Themenbereich D, Praxisgebiete: Ser. 1, Pädagogische Psychologie; Bd. 4: Psychologie der Erwachsenenbildung. Göttingen 1997, S. 237–293

FRITZ, J.: Identität in virtuellen Welten. Praxis. Spiel + Gruppe, 3 (1998), S. 116–127

GAUDIG, H.: Die Schule im Dienste der werdenden Persönlichkeit (zusammenfassend hrsg. von Otto SCHEIBNER). 3. Auflage, Leipzig 1930
GEISSLER, G.: Das Problem der Unterrichtsmethode in der Pädagogischen Bewegung. (9. Aufl.) Weinheim 1995
GERSTENMAIER, J. / MANDL, H.: Wissenserwerb unter konstruktivistischer Perspektive. Zeitschrift für Pädagogik, 41 (1995), S. 867–888
GROSS, E (HRSG.): Freies Arbeiten in weiterführenden Schulen. Hinführung – Begründung – Beispiele. Donauwörth 1992
GROW, G. O.: Teaching learners to be self-directed. Adult Education Quarterly, 41 (1991), S. 125–149
GROW, G. O.: In defense of the staged self-directed learning model. Adult Education Quarterly, 43 (1993)
GUDJONS, H.: Handlungsorientiert Lehren und Lernen. 4., neubearbeitete und erweiterte Auflage, Bad Heilbrunn 1994
GULDIMANN, T.: Eigenständiges Lernen. Bern 1996
HACKER, W.: Arbeitspsychologie. Psychische Regulation von Arbeitstätigkeiten. Bern 1986
HACKER, W. / SKELL, W.: Lernen in der Arbeit. Berlin 1993
HÄNSEL, D. (Hrsg.): Handbuch Projektunterricht. Weinheim 1997
HAGE, K.: Das Methodenrepertoire von Lehrern. Eine Untersuchung zum Unterrichtsalltag der Sekundarstufe I. O. O. 1985
HECKER, U.: Freie Arbeit Schritt für Schritt. O.O., o.J.
HECKHAUSEN, H.: Motivation und Handeln. 2. Auflage, Berlin 1989
HELMKE, A. / WEINERT, F. E.: Bedingungsfaktoren schulischer Leistung. In: WEINERT, F. E. (Hrsg.): Enzyklopädie der Psychologie. Themenbereich D, Praxisgebiete: Ser. 1, Pädagogische Psychologie; Bd. 3: Psychologie des Unterrichts und der Schule. Göttingen 1997, S. 71–176
HEURSEN, G.: Selbstorganisiertes Lernen. Autonomie im Unterricht. Pädagogik, 48 (1996), S. 76–80
HOEFS, H.: Offenheit macht Schule. Ein anderer Schulalltag. Bausteine für Freies Lernen in Projekten. Mühlheim 1996
HUBER, G.: Methoden des kooperativen Lernens. In: MEYER, E. / WINKEL, R. (Hrsg.): Unser Konzept. Lernen in Gruppen. Hohengehren 1991, S. 166–174
JÜRGENS, E.: Die »neue« Reformpädagogik und die Bewegung offener Unterricht. Theorie, Praxis und Forschungslage. 2. Auflage, St. Augustin 1995
KLAFKE, T.: Von der inneren zur äußeren Öffnung des Unterrichts. Pädagogik, 47 (1995), 12, S. 12–22
KLAFKI, W.: Neue Studien zur Bildungstheorie und Didaktik. Zeitgemäße Allgemeinbildung und kritisch-kostruktive Didaktik. 5., unveränderte Auflage, Weinheim 1996
KLIPPERT, H.: Gewußt wie. Methodenlernen als Aufgabe der Schule. Pädagogik 47 (1995), 1, S. 6–10
KONRAD, K.: Kontrollüberzeugungen und Kontrollhandlungen in der Interaktion mit dem Computer in der Schule. Landau 1993
KONRAD, K.: Selbstgesteuertes Lernen und Autonomieerleben bei Studierenden. Theoretische Grundzüge und erste empirische Befunde. Empirische Pädagogik, 10 (1996), S. 49–74

KONRAD, K. / WAHL, D. / RAPP, G. / HEGER, D. / BIRKEL, P.: Lernen eigenständig reflektieren, überwachen und kontrollieren. Methodenentwicklung und explorative Analysen bei Studierenden (DFG-Projektantrag). Weingarten 1995

KONRAD, K. / WOSNITZA, M.: Neue Formen des Lernens in Schule, Aus- und Weiterbildung. Landau 1995

KRAPP, A.: Die Bedeutung von Interesse und intrinischer Motivation für den Erfolg und die Steuerung schulischen Lernens. In: SCHNAITMANN, G. W. (Hrsg.): Theorie und Praxis der Unterrichtsforschung. Donauwörth 1996, S. 87–110

KRIEGER, C.: Mut zur Freiarbeit. Praxis und Theorie für die Sekundarstufe. Hohengehren 1994

KUHL, J.: Motivation und Handlungskontrolle. Ohne guten Willen geht es nicht. In: HECKHAUSEN H. / GOLLWITZER, P. M. / WEINERT, F. E. (Hrsg.): Jenseits des Rubikon. Der Wille in den Humanwissenschaften. Berlin 1987, S. 101–120

KUHL, J.: Wille und Freiheitserleben. Formen der Selbststeuerung. In: KUHL, J. / HECKHAUSEN, H. (Hrsg.): Enzyklopädie der Psychologie . Themenbereich C, Theorie und Forschung: Ser. IV, Motivation; Bd. 4: Motivation, Volition und Handlung. Göttingen 1996, S. 665–765

LADENTHIN, V.: Wie frei ist die Freiarbeit? Schulmagazin 5–10, 11 (1992), S. 4–7

LATHINEN, V. / LONKA, K. / LIDBLOM-YLÄNNE, S.: Spontaneous study strategies and the quality of knowledge construction. British Journal of Educational Psychology, 67 (1997), S. 13–24

LICHTENSTEIN-ROTHER, I.: Pädagogischer Ort der Freien Arbeit in der Regelschule. Lehrer Journal, 54 (1986), 5, S. 194–197

MANDL, H. / REINMANN-ROTHMEIER, G.: Unterrichten und Lernumgebungen gestalten. Forschungsbericht 60, Institut für Pädagogische Psychologie und Empirische Pädagogik der Ludwig-Maximilians-Universität. München 1995

MARKUS, H. / WURF, E.: The dynamic self-concept: A social psychological perspective. Annual Review of Psychology, 38 (1987), S. 299–337

MCCARTHEY, S. J. / MCMAHON, S.: From convention to invention: Three approaches to peer interactions during writing. In: HERTZ-LAZAROWITZ, R. / MILLER, N. (Hrsg.): Interaction in cooperative groups. The theoretical anatomy of group learning. Cambridge 1992, S. 17–35

MCCOMBS, B. L. / WHISLER, J. S.: The role of affective variables in autonomous learning. Educational Psychologist, 24 (1989), S. 277–306

MEYER, H.: Unterrichtsmethoden. Band I und II. Frankfurt / M. 1987

MEYER, H. / MEYER M. A.: Lob des Frontalunterrichts? Argumente und Anregungen. In: MEYER, M. A. / RAMPILLON, U. / OTTO, G. / TERHART, E. (HRSG.): Lernmethoden, Lehrmethoden. Wege zur Selbständigkeit. Friedrich Jahresheft XV. Stuttgart 1997, S. 34–37

MINISTERIUM FÜR KULTUS UND UNTERRICHT, BADEN-WÜRTTEMBERG: Bildungsplan für die Realschule. Lehrplanheft 3. Stuttgart 1994

NEBER, H.: Selbstgesteuertes Lernen (lern- und handlungspsychologische Aspekte). In: EINSIEDLER, W. / NEBER, H. / WAGNER, A. C. (HRSG.): Selbstgesteuertes Lernen. Psychologische und pädagogische Aspekte eines handlungsorientierten Lernens. Weinheim 1978, S. 33–48

OBERAUER, K.: Prozedurales und deklaratives Wissen und das Paradigma der Informationsverarbeitung. Sprache und Kognition, 12 (1993), S. 30–43

PARIS, S. G./WINOGRAD, P.: How metacognition can promote academic learning and instruction. In: JONES, B. F./IDOL, L. (Hrsg.): Dimensions of thinking and cognitive instruction. Hillsdale, NJ 1990, S. 15–51

PATRY, J.-L./HOFMANN, F.: Erziehungsziel Autonomie. Psychologie in Erziehung und Unterricht, 45 (1998), S. 53–66

PEKRUN, R./SCHIEFELE, U.: Emotions- und motivationspsychologische Bedingungen der Lernleistung. In: WEINERT, F. E. (HRSG.): Enzyklopädie der Psychologie. Themenbereich D, Praxisgebiete: Ser. I, Pädagogische Psychologie; Bd. 2: Psychologie des Lernens und der Instruktion. Göttingen 1996, S. 153–180

PINTRICH, P. R.: The dynamic interplay of student motivation and cognition in the college classroom. In: MAEHR, M. L./AMES, C. (Hrsg.): Advances in motivation and achievement. Vol. 6: Motivation enhancing environments. Greenwich, CT 1989, S. 117–160

POTTHOFF, W.: Grundlage und Praxis der Freiarbeit. 4. Auflage, Freiburg 1992

POTTHOFF, W.: Freies Lernen – Verantwortliches Handeln. 2., überarbeitete und aktualisierte Auflage, Freiburg 1994

PRENZEL, M.: Autonomie und Motivation im Lernen Erwachsener. Zeitschrift für Pädagogik, 39 (1993), S. 239–253

PRESSLEY, M./BORKOWSKI, J. G./SCHNEIDER, W.: Cognitive Strategies: Good strategy users coordinate metacognition and knowledge. In: VASTA, R./WHITEHURST, G. (Hrsg.): Annals of child development. Vol 5. New York 1987. S. 89–129

RAMBACHER, H.: Zur Handlungsorientierung des Berufsschulunterrichts. Zeitschrift für Berufs- und Wirtschaftspädagogik, 87 (1991), S. 147–151

REINMANN-ROTHMEIER, G./MANDL, H.: Lehren im Erwachsenenalter. Auffassungen von Lehren und Lehren, Prinzipien und Methoden. In: WEINERT, F. E./MANDL, H. (Hrsg.): Enzyklopädie der Psychologie. Themenbereich D, Praxisgebiete: Ser. I, Pädagogische Psychologie; Bd. 4: Psychologie der Erwachsenenbildung. Göttingen 1997, S. 355–403

RHEINBERG, F.: Zweck und Tätigkeit. Göttingen 1989

RÖBE, H.: Freie Arbeit – eine Bedingung zur Realisierung des Erziehungsauftrages der Grundschule? Frankfurt/M. 1986

RÖBE, H.: Freie Arbeit als eine Möglichkeit, einen pädagogisch begründeten Differenzierungsbegriff zu realisieren. Pädagogische Welt, 37 (1983), S. 489–496

RYAN, R. M./CONNELL, J. P./GROLNICK, W. S.: When achievement is not intrinsically motivated: A theory of internalization and self-regulation in school. In: BOGGIANO, A. K./PITTMAN, T. S. (Hrsg.): Achievement and motivation. A social-developmental perspective. New York 1992, S. 167–188

SCHEIBNER, O.: Arbeitsschule in Idee und Gestaltung. 5. Auflage, Heidelberg 1962

SCHIEFELE, H.: Brauchen wir eine Motivationspädagogik? Zeitschrift für Pädagogik, 39 (1993), S. 177–186

SCHIEFELE, U./PEKRUN, R.: Psychologische Modelle des fremdgesteuerten und selbstgesteuerten Lernens. In: WEINERT, F. E. (Hrsg.): Enzyklopädie der Psychologie. Themenbereich D, Praxisgebiete: Ser. I, Pädagogische Psychologie; Bd. 2: Psychologie des Lernens und der Instruktion. Göttingen 1996, S. 249–278

SCHIEFELE, U./SCHREYER, I.: Intrinsische Lernmotivation und Lernen. Ein Überblick zu Ergebnissen der Forschung. Zeitschrift für Pädagogische Psychologie, 8 (1994), S. 1–13

SCHULZE, H.: »... und morgen fangen wir an!«. Bausteine für Freiarbeit und offenen Unterricht in der Sekundarstufe. 2. Auflage, Lichtenau 1993

SCHUNK, D. H./ZIMMERMANN, B. J.: Self-regulation in education: Retrospect and prospect. In: SCHUNK, D. H./ZIMMERMANN B. J. (Hrsg.): Self-regulation of learning and performance: Issues and educational applications. Hillsdale, NJ 1994, S. 305–314

SCZESNY, C.: Textgebundenes Blickverhalten als Indikator für »time-on-task« innerhalb des Modells schulischen Lernens von Carroll. Empirische Pädagogik, 10 (1996), S. 411–432

SEHRBROCK, P.: Freiarbeit in der Sekundarstufe I. Frankfurt/M. 1993

SIMONS, P. R.-J.: Constructive learning: The role of the learner. In: DUFFY, T. M./LOWYCK, J./JONASSEN, D. H. (Hrsg.): Designing environments for constructive learning. Berlin 1993, S. 291–313

SLAVIN, R. E.: When and why does cooperative learning increase achievement? Theoretical and empirical perspectives. In: HERTZ-LAZAROWITZ, R./MILLER, N. (Hrsg.): Interaction in cooperative groups. The theoretical anatomy of group learning. Cambridge 1992, S. 145–173

SLAVIN, R. E.: Research on cooperative learning and achievement: What we know, what we need to know. Contemporary Educational Psychology, 21 (1996), S. 43–69

SPIRO, R. J./JEHNG, J. C.: Cognitive flexibility and hypertext: Theory and technology for the nonlinear and multidimensional traversal of complex subject matter. In: NIX, D./SPIRO, R. J. (Hrsg.): Cognition, education and multimedia: Exploring ideas in high technology. Hillsdale, NJ 1990, S. 163–205

STARK, R./GRUBER, H./RENKL, A./MANDL, H./GRAF, M.: Dissonanz und Konvergenz instruktionaler Effekte beim komplexen Lernen. Forschungsbericht 63, Institut für Empirische Pädagogik und Pädagogische Psychologie der Ludwig-Maximilians-Universität. München 1995

STEBLER, R./REUSSER, K./PAULI, C.: Interaktive Lehr-Lern-Umgebungen: Didaktische Arrangements im Dienste des gründlichen Verstehens. In: REUSSER, K./REUSSER-WEYENETH, M.: Verstehen. Psychologischer Prozeß und didaktische Aufgabe. Bern 1994, S. 227–259

THANHOFFER, M./REICHEL, R./RABENSTEIN, R.: Kreativ unterrichten. Möglichkeiten ganzheitlichen Lernens. 2. Auflage, Münster 1994

THOMAS, J. W./ROHWER, W. D., JR.: Proficient autonomous learning: Problems and prospects. In: RABINOWITZ, M. (Hrsg.): Cognitive science foundations of instruction. Hillsdale, NJ 1993, S. 1–32

ULICH, D./JERUSLAEM, M.: Interpersonale Einflüsse auf die Lernleistung. In: WEINERT, F. E. (Hrsg.): Enzyklopädie der Psychologie. Themenbereich D, Praxisgebiete: Ser. I, Pädagogische Psychologie; Bd. 2: Psychologie des Lernens und der Instruktion. Göttingen 1996, S. 181–208

VAN DICK, L.: Freie Arbeit, Offener Unterricht, Projektunterricht, Handelnder Unterricht, Praktisches Lernen. Versuch einer Synopse. Pädagogik, 6 (1991), S. 31–34

VAUPEL, D.: Das Wochenplanbuch für die Sekundarstufe. Schritte zum selbständigen Lernen. Weinheim, 1995

WAHL, D./WÖLFING, W./RAPP, G./HEGER, D.: Erwachsenenbildung konkret. Mehrphasiges Dozententraining. 2. Auflage, Weinheim 1992

WALLRABENSTEIN, W.: Offene Schule - Offener Unterricht. Ratgeber für Eltern und Lehrer. Aktualisierte Auflage, Hamburg 1994

WEIDENMANN, B.: Medien in der Erwachsenenbildung. In: WEINERT, F. E./MANDL, H. (Hrsg.): Enzyklopädie der Psychologie. Themenbereich D, Praxisgebiete: Ser. I, Pädagogische Psychologie; Bd. 4: Psychologie der Erwachsenenbildung. Göttingen 1997, S. 405–436

WEINERT, F. E.: Selbstgesteuertes Lernen als Voraussetzung, Methode und Ziel des Unterrichts. Unterrichtswissenschaft, 2 (1982), S. 99–110

WEINERT, F. E.: Weiß das Gedächtnis, das, was und wie es lernt? Anmerkungen zu Definitionen und Deformationen des Begriffs Metagedächtnis. In: GRAWE, K./HÄNNI, R./SOMMER, N./TSCHAN, F. (Hrsg.): Über die richtige Art, Psychologie zu betreiben. Göttingen 1991, S. 271–281

WEINERT, F. E.: Lernen lernen und das eigene Lernen verstehen. In: REUSSER, K./REUSSER-WEYENETH, M.: Verstehen. Psychologischer Prozeß und didaktische Aufgabe. Bern 1994, S. 183–205

WEINERT, F. E.: Lerntheorien und Instruktionsmodelle. In: WEINERT, F. E. (Hrsg.): Enzyklopädie der Psychologie. Themenbereich D, Praxisgebiete: Ser. I, Pädagogische Psychologie; Bd. 2: Psychologie des Lernens und der Instruktion. Göttingen 1996, S. 1–48

WEINERT, F. E.: Notwendige Methodenvielfalt. Unterschiedliche Lernfähigkeiten erfordern variable Unterrichtsmethoden. In: MEYER, M. A./RAMPILLON, U./OTTO, G./TERHART, E. (Hrsg.): Lernmethoden, Lehrmethoden. Wege zur Selbständigkeit. Friedrich Jahresheft XV. Stuttgart 1997, S.50–52

WEINHÄUPL, W. (Hrsg.): Lust auf Schule: Offener Unterricht in der Mittelstufe. Linz 1995

WEINSTEIN, C. E./MAYER, R. E.: The teaching of learning strategies. In: WITTROCK, M. C. (Hrsg.): Handbook of research on teaching. 3. Auflage, New York 1986, S. 315–327

WELTNER, K.: Autonomes Lernen. Stuttgart 1978

WILL, J.: Selbstvertrauen und Interessenpotentiale: Bestimmungsfaktoren für selbstgesteuertes Lernen auch im Alter? In: MADER, W. (Hrsg.): Altwerden in einer alternden Gesellschaft. Kontinuität und Krisen in biographischen Verläufen. Opladen 1995, S. 215–232

WITTEL-LÖFFLER, E.-A.: Freiarbeit - ein Anfang mit 138 DM und zwei Stunden. Bildung und Wissenschaft, Zeitung der Gewerkschaft Erziehung und Wissenschaft, 12 (1995), S. 57–61

ZIMMERMANN, B. J.: A social cognitive view of self-regulated academic learning. Journal of Educational Psychology, 81 (1989), S. 329–339

ZIMMERMANN, B. J.: Dimensions of academic self-regulation: A conceptual framework for education. In: SCHUNK, D. H./ZIMMERMANN, B. J. (Hrsg.): Self-regulation of learning and performance: Issues and educational applications. Hillsdale, NJ 1994, S. 3–21

10 Glossar

Freiarbeit kennzeichnet eine bestimmte Unterrichtszeit, in der die Lernenden ihre Arbeit selbst planen und eigenverantwortlich durchführen. Im gegebenen Zeitrahmen stehen ihnen hierfür Materialien aus verschiedenen Fächern mit unterschiedlicher Zielsetzung und Bearbeitungsart zur Verfügung. Die Materialien werden vom Lehrer didaktisch aufbereitet und dem Anspruchsniveau der Klasse angepasst. Dadurch kann differenzierend und individualisierend gearbeitet werden.

Lernen ist ein vielschichtiges Prozessgeschehen. Verlauf und Ergebnis des Lernens hängen von kognitiven, emotional-motivationalen und willentlichen Verarbeitungs- und Regulationsprozessen ab, die die Wechselwirkung des Subjekts mit der Lernumgebung ermöglichen und realisieren.

Lernen

- ist aktiv insofern, als Lernende während der Informationsaufnahme etwas tun müssen, um den Lernstoff in sinnvoller Weise aufzunehmen;
- ist konstruktiv, weil die neue Information sorgfältig herausgearbeitet und in Beziehung zu bereits vorhandenen Informationen gesetzt werden muss. Nur so können einfache Informationen behalten und komplexe Zusammenhänge verstanden werden;
- ist kumulativ insofern, als jedes neue Lernen auf vorhandenem Wissen aufbaut oder vorhandenes Wissen nutzt. Das Vorwissen bestimmt also in gewisser Weise, was und wieviel gelernt wird;
- ist zielorientiert, weil Lernen dann am erfolgreichsten ist, wenn der oder die Lernende sich des Ziels bewusst ist, auf das er oder sie hinarbeitet und wenn er oder sie über realistische Erwartungen hinsichtlich der Erreichung des gewünschten Ergebnisses verfügt.

Lernstrategien: Darunter verstehen wir

- mehr oder weniger komplexe,
- unterschiedlich generalisierte,
- bewusst oder auch unbewusst eingesetzte Vorgehensweisen zur Erreichung von Lernzielen.

Lernstrategien sind einerseits Ergebnis der individuellen Lerngeschichte (also bisheriger Lernaktivitäten unter den unterschiedlichsten Bedingungen) andererseits eine wesentliche Voraussetzung weiteren Lernens. Lernstrategien wirken in diesem Prozess nicht isoliert, sondern interagieren mit anderen Regulationskomponenten, wie Wissen, kognitiven Fähigkeiten und Einstellungen.

Metakognition: Ganz allgemein, hat der Begriff Metakognition mit dem Wissen und der Kontrolle über das eigene kognitive System zu tun. Metakognitive Aktivitäten heben sich von den übrigen mentalen Aktivitäten dadurch ab, dass kognitive Zustände oder Prozesse die Objekte sind, über die reflektiert wird. Metakognitionen können daher Kommandofunktionen der Kontrolle, Steuerung und Regulation während des Lernens übernehmen. In der psychologischen Literatur wird der Begriff der ›Metakognition‹ zur Bezeichnung zweier unterschiedlicher Forschungsfragestellungen verwendet: (1) Das Wissen über Kognitionen und (2) die Kontrolle und Steuerung von Kognitionen.

Motivation lässt sich sinnvoll mit Anreiz oder Energie zum Lernen beschreiben. Gerade Phänomene des selbstgesteuerten Lernens können nicht ohne Rückgriff auf motivationale Faktoren analysiert werden. Informationsverarbeitungsstrategien sind auf emotional-motivationale Stützstrategien angewiesen, die dem Lernenden Energie geben die Lernbemühungen aufrechtzuerhalten und die Lernen gegebenenfalls gegen störende Gefühle und Gedanken abschirmen. Eine hohe intrinsische Lernmotivation bezieht sich auf Kenntnisse und Prozeduren, die besonders mit einer differenzierten und gründlichen Aneignung des Lerngegenstandes zu tun haben (Tiefenstrategien des Lernens). Dagegen ist extrinsische Motivation auf oberflächliche Strategien orientiert, die auf das schnelle Erreichen von Zielen ausgerichtet sind (oberflächliche Lernstrategien).

Offener Unterricht stellt sich als Dach- oder Oberbegriff dar, dem die verschiedenen Methoden des selbstgesteuerten Lernens subsumiert werden können. Der Begriff der Offenheit kann in diesem Zusammenhang durch den Begriff Selbststeuerung ersetzt werden.

Projektunterricht: Eine Lerngruppe wählt gemeinsam eine ihr wichtige und auf die Lebenswirklichkeit bezogene Aufgabe aus. Die Aufgabe wird von den Lernenden durch planvolles und kooperatives Lernen selbstständig zu lösen versucht. Dabei entsteht ein sichtbar vorweisbares Produkt. Dieses hat für die Lerngruppe eine wichtige Bedeutung. Das Projekt schließt immer eine Realisierung mit ein und unterscheidet sich dadurch vom Plan oder einer Idee. Das Projekt lässt sich in die Phasen der Planung, Durchführung, Realisierung und Fertigstellung untergliedern.

Prozessorientiertes Lernen: Das wesentliches Merkmal ist die schrittweise Verlagerung der Kontrolle von der Lehrperson auf den Lernenden. Man beginnt mit einer stark strukturierten Unterrichtsweise. Zugleich lehrt man die Schüler/Studenten, wie sie selber das Lernen steuern können und müssen. Mit zunehmender Fähigkeit das eigene Lernen zu steuern wird immer mehr Verantwortung auf den Lernenden übertragen. Selbstgesteuertes Lernen ist eine

Form des Lernens, bei der die Person in Abhängigkeit von der Art ihrer Lernmotivation selbstbestimmt eine oder mehrere Selbststeuerungsmaßnahmen (kognitiver, volitionaler oder verhaltensmäßiger Art) ergreift und den Fortgang des Lernprozesses selbst (metakognitiv) überwacht, reguliert und bewertet.

Selbstgesteuertes Lernen: Im Kontext von Schule und Hochschule kann selbstgesteuertes Lernen auf einem Kontinuum angesiedelt werden, dessen Pole einerseits ›absolute Autonomie‹ und andererseits ›vollkommene Fremdsteuerung‹ heißen. Der Begriff Selbststeuerung markiert damit eine Lernform, bei der der Lernende mehr oder weniger Initiator und Verantwortlicher seiner Lerntätigkeit ist und in unterschiedlichem Ausmaß Unterstützung und Hilfe erfahren und heranziehen kann.